INGWER EBSEN

Gesetzesbindung und „Richtigkeit" der Entscheidung

Schriften zur Rechtstheorie

Heft 35

Gesetzesbindung und „Richtigkeit" der Entscheidung

Eine Untersuchung zur juristischen Methodenlehre

Von

Dr. Ingwer Ebsen

DUNCKER & HUMBLOT / BERLIN

Alle Rechte vorbehalten
© 1974 Duncker & Humblot, Berlin 41
Gedruckt 1974 bei Buchdruckerei Bruno Luck, Berlin 65
Printed in Germany
ISBN 3 428 03119 9

Vorwort

Die hier vorgelegte Arbeit wurde im Herbst 1972 als Dissertation der Rechts- und Wirtschaftswissenschaftlichen Fakultät der Johannes Gutenberg-Universität in Mainz vorgelegt. Danach erschienenes Schrifttum wurde nur in wenigen Fällen in den Anmerkungen berücksichtigt.

Dies hielt der Verfasser schon deshalb für vertretbar, weil ohnehin nicht der Versuch unternommen wurde, die schier unübersehbare Literatur zum Thema auch nur annähernd vollständig anzuführen. Wichtiger als systematische Literaturverarbeitung erschien das Ziel, durch möglichste Kürze der Darstellung die im heutigen Wissenschaftsbetrieb sowieso überforderte Verarbeitungskapazität des Lesers zu schonen.

Mainz, im Februar 1974

Ingwer Ebsen

Inhaltsverzeichnis

Einleitung 9

Erstes Kapitel

Ein Begriff der Verbindlichkeit für die Rechtspraxis

I. „Sollen" in der rechtstheoretischen Diskussion 12

    1. Versuche, objektives Sollen zu begründen 13

        a) Der materiale Ansatz 13

        b) Der formale Ansatz 18

    2. Leugnung objektiven Sollens 20

II. „Verbindlichkeit" als Kürzel ohne metaphysische Bedeutung 21

Zweites Kapitel

Das bindende Gesetz und die Methode der Gesetzesauslegung

I. Der Begriff des bindenden Gesetzes 31

II. Der Begriff der Gesetzesauslegung 34

    1. Die Alternativen 34

    2. Kritik der Lehre vom umfassenden Auslegungsbegriff 37

        a) Kritik der Behauptung, inhaltlich gebundene und selbständig wertende Rechtsfindung seien untrennbar 37

        b) Rechtspolitische Kritik des umfassenden Auslegungsbegriffs .. 40

    3. Der enge Auslegungsbegriff 42

    4. Die Funktion des Wortlautes 44

    5. Ergebnis 46

Drittes Kapitel

Abweichung vom Gesetz

I. Die Verbindlichkeit der Gesetze und die „Richtigkeit" der Entscheidungen 47

II. „Gesetz und Recht", Art. 20 III GG 48

III. Fälle der Abweichung vom Gesetz 50
   1. Abweichung mit Rücksicht auf ein anderes Gesetz 50
   2. Abweichung vom Gesetz aufgrund gesellschaftlicher Anschauungen 51
      a) Die maßgeblichen gesellschaftlichen Anschauungen 51
      b) Das Verhältnis: Gesetzgeber — gesellschaftliche Anschauungen 52
         aa) Die bewußte Entscheidung des Gesetzgebers gegen gesellschaftliche Anschauungen 53
         bb) Wandel gesellschaftlicher Verhältnisse und Anschauungen 54
   3. Abweichung vom Gesetz aufgrund materialer Kriterien 55

Zusammenfassung 59

Literaturverzeichnis 61

Einleitung

Die juristische Methodenlehre ist seit den Angriffen von *Binding, Wach* und *Kohler*[1] auf die bis dahin vorherrschende Auffassung, Gesetzesauslegung sei Ermittlung des Gesetzgeberwillens[2], mit dem Streit zwischen „subjektiver" und „objektiver" Auslegungstheorie beschäftigt, ohne daß sich eine prinzipielle Lösung durchsetzen konnte. Die Gerichte verfolgen mit weitgehender Zustimmung der Lehre eine „vermittelnde" Methode, wonach der „objektivierte Gesetzgeberwille" Ziel der Auslegung sei[3]. Daneben werden die subjektive und die objektive Auslegungstheorie auch heute noch offen, wenn auch in moderner Terminologie, vertreten. *Krieles* „Theorie der Rechtsgewinnung" etwa ist letztlich eine subjektive Auslegungslehre, da nach ihr rechtspolitische Erwägungen dann für die Richter abgeschnitten sind, wenn eine Entscheidung des Gesetzgebers ermittelt werden kann[4], während *Essers* „Vorverständnis und Methodenwahl in der Rechtsfindung" den Versuch darstellt, die objektive Auslegungstheorie als allein dem Wesen des Auslegungsprozesses angemessen zu erweisen[5].

Die Dauer der Auseinandersetzung und das relativ magere Ergebnis (im Sinne eines gefundenen Konsenses) verwundern nicht, wenn man sich vergegenwärtigt, daß unter dem Deckmantel der Frage, wie die Gesetze richtigerweise auszulegen sind, das Problem der Legitimation der richterlichen Entscheidung im Streit ist. Jedenfalls ging es in der Entstehungszeit der objektiven Auslegungstheorie konkret um die Frage, ob die Richter bei ihren Entscheidungen an die gesetzgeberischen Entscheidungen gebunden sind oder nicht[6]. Und auch in neueren Stellungnahmen zur Auslegungstheorie spielt das Problem der Legitimation eine zentrale Rolle[7].

---

[1] *Binding*, Handbuch des Strafrechts, Bd. 1, S. 450 ff.; *Wach*, Handbuch des deutschen Civilprozeßrechts, Bd. 1, S. 254 ff.; *Kohler*, Über die Interpretation von Gesetzen, Grünhuts Zeitschr. Bd. 13 (1886), S. 1 ff.

[2] *Windscheid*, Pandekten, S. 51 u. öfter; *Bierling*, Juristische Prinzipienlehre, Bd. IV, S. 230 ff.; *Regelsberger*, Pandekten, S. 143.

[3] Vgl. als Beispiel BGHZ 46, 74 (76) mit weiteren Nachweisen aus der Rechtsprechung. Dazu daß diese Methode in Wahrheit doch eine „objektive" ist, siehe unten S. 36.

[4] S. 195; dazu auch unten S. 47, FN 4.

[5] Vgl. unten Kap. 2, Abschnitt I 1 a.

[6] *Binding*, a.a.O., FN 1, S. 455; *Kohler*, a.a.O., FN 1, S. 1.

[7] Vgl. etwa *Liver*, Der Wille des Gesetzes, S. 4; *Germann*, Grundlagen der

Warum stellt sich der Legitimationsstreit nicht so dar, wie man ihn aus der neuzeitlichen Naturrechtsdiskussion kennt: als Frage der Verbindlichkeit der Gesetze[8]? Es ist sicherlich nicht möglich, hierfür eine zwingende Erklärung zu finden, die andere Deutungen ausschlösse. Jedoch gibt nach Ansicht des Verfassers die historische Situation, aus der heraus die objektive Auslegungstheorie entstanden ist, einen Anhaltspunkt. Es ist zugleich die Zeit, in der — knapp und daher vergröbernd ausgedrückt — *Merkel* eine Theorie und *Bergbohm* die Ideologie des Rechtspositivismus artikulierten[9]. Für denjenigen, der nicht an absolute Gerechtigkeitskriterien glaubte, war es in einem solchen geistigen Klima schwierig, eine Legitimation für Abweichungen der Richter vom Gesetz zu finden, und noch schwieriger, ein solches Konzept in die herrschenden rechtstheoretischen Strömungen einzubringen. Leichter war es da, beim Gesetzesbegriff selbst anzusetzen. Wenn das Gesetz „denkt und will, was der vernünftig auslegende Volksgeist aus ihm entnimmt"[10], so wird eine Abweichung vom Gesetz zur Erzielung gerechter und vernünftiger Ergebnisse überflüssig[11].

Mit dieser Sicht der Funktion der objektiven Auslegungstheorie, unter der Herrschaft des Rechtspositivismus Gerichtsentscheidungen zu ermöglichen, die ihrer Zeit angemessen sind, auch wenn eine gesetzgeberische Regelung veraltet oder von vornherein verfehlt ist, stellt sich allerdings die Frage nach ihrer Rechtfertigung unter anderen — den heutigen — Bedingungen. Heute ist praktisch unbestritten, daß die Richter unter gewissen Voraussetzungen von gesetzgeberischen Entscheidungen abweichen können[12], so daß zu fragen ist, welche Funktion es heute hat, das Problem der Verbindlichkeit der gesetzgeberischen Entscheidung als ein solches der Gesetzesauslegung zu behandeln. Dieser Frage unter dem Gesichtspunkt der Legitimation der richterlichen Entscheidung nachzugehen, ist ein zentrales Anliegen der vorliegenden Arbeit.

Logisch vorrangig vor dem Problem der Legitimation der Abweichung von einer gesetzgeberischen Entscheidung ist die Frage nach dem Grund

---

Rechtswissenschaft, S. 84 ff.; Methodische Grundfragen, S. 36 ff.; *Stratenwerth*, Festschr. Germann, S. 258.

[8] Nachweise bei *Verdross*, Abendländische Rechtsphilosophie, S. 108 ff.

[9] *Merkel*, Über das Verhältnis der Rechtsphilosophie zur positiven Rechtswissenschaft und zum allgemeinen Teil derselben, Grünhuts Zeitschr. Bd. 1 (1874), S. 1 ff. und 402 ff.; *Bergbohm*, Jurisprudenz und Rechtsphilosophie.

[10] *Binding*, a.a.O. (FN 1), S. 456 f.

[11] Vgl. auch die Bemerkung von *Kaufmann - Hassemer*, Grundprobleme der zeitgenösischen Rechtsphilosophie und Rechtstheorie, S. 43, daß die subjektive und die objektive Auslegung die im 19. Jahrhundert einzig möglichen Standpunkte gewesen seien zu der Frage, in welcher Weise das Gesetz den Richterspruch determiniere.

[12] Vgl. unten S. 36, 47.

der Verbindlichkeit der Gesetze. Diese Frage mag vordergründig wenig praktische Bedeutung haben, da die grundsätzliche Verbindlichkeit der Gesetze für die Praxis „selbstverständlich" ist. Jedoch geht es hier wie mit den meisten Selbstverständlichkeiten: einmal problematisiert verwandeln sie sich in Abgründe. Es ist aber auch aus praktischen Gründen erforderlich zu untersuchen, ob und mit welchem Inhalt der Begriff der Verbindlichkeit von Gesetzen verwendet werden kann, denn eine solche Feststellung bildet die notwendige Basis für Überlegungen, ob und unter welchen Voraussetzungen von Gesetzen abgewichen werden kann. Hierbei werden grundsätzliche wissenschaftstheoretische und — wenn man so will — weltanschauliche Positionen berührt, über die sich kaum streiten läßt. Dem Verfasser geht es darum, einen Begriff der Verbindlichkeit der Gesetze darzustellen, der nicht davon abhängt, daß man an objektiv existierende (oder geltende) Werte glaubt[13]. Dabei kann auf die Arbeiten der sog. „Schule von Uppsala"[14] und des Dänen *Alf Ross* zurückgegriffen werden, denen gemeinsam ist, daß in ihrer Erklärung des Rechts als gesellschaftlicher Einrichtung ein „Verbindlichkeitserlebnis" bei Richtern und Rechtsgenossen eine wichtige Rolle spielt, während sie eine dem Erlebnis entsprechende Verbindlichkeit leugnen[15].

Auf der Grundlage der zu entwickelnden Begriffe von Verbindlichkeit, Gesetz, Auslegung soll im Ansatz ein Rechtsfindungskonzept dargestellt werden, in welchem die Legitimation der richterlichen Entscheidung im Vordergrund steht. Erst, wenn die Gerichte erklären, auf welche Instanz — sei es ein Gesetzgeber, seien es gesellschaftliche Anschauungen oder eigene Wertüberzeugungen — sie ihre Entscheidung stützen, ist eine Überprüfung der Legitimationsgrundlage möglich.

---

[13] Vgl. dazu auch *Fikentscher*, Festschr. Carl Heymanns Verlag, S. 156 ff.; im Gegensatz zu *Fikentscher* sieht der Verfasser zwischen dem Glauben an „fraglose" Werte und „wertfreiem" Judizieren die Möglichkeit des nicht mehr naiven, der Fragwürdigkeit aller Wertung stets bewußten Akzeptierens von Werten.
[14] *Hägerström, Lundstedt, Olivecrona*; vgl. unten Kap. 1, Abschnitt I 2.
[15] Vgl. dazu auch H. H. *Vogel*, Der skandinavische Rechtsrealismus, S. 38 ff.

Erstes Kapitel

Ein Begriff der Verbindlichkeit für die Rechtspraxis

I. „Sollen" in der rechtstheoretischen Diskussion

In allen Rechtsordnungen wird davon ausgegangen, daß die Richter bei ihren Fallentscheidungen an vorhandene Gesetze gebunden sind. Was immer dies bedeuten mag, jedenfalls ist üblicherweise eine Pflicht der Richter gemeint, sich nach den Gesetzen zu richten. Es wird die Verbindlichkeit der Gesetze für die Richter angesprochen.

Die Frage, wie die Verbindlichkeit von Rechtssätzen (oder Sollen) begründet oder festgestellt[1] werden kann, ist traditionell ein Kardinalproblem der Rechtsphilosophie[2]. Die Begriffe „Sollen" oder „Verbindlichkeit" werden vorläufig entsprechend dem gewöhnlichen Sprachgebrauch verwendet: Verbindlichkeit von Rechtsnormen ist mehr als Zwang, aber auch nicht das, was *Rudolf Laun*[3] unter Sollen versteht: ein rein subjektives Evidenzerlebnis. Danach ist Verbindlichkeit objektiv und ergreift doch die Person als sittliches Wesen[4]. Es ist für den Zweck der Arbeit nicht erforderlich, die einzelnen Begründungs- und deren Widerlegungsversuche ausführlich darzustellen. Jedoch ist es zweckmäßig, die Grundpositionen schematisch aufzuzeigen, um aus der Kritik derselben den eigenen Standpunkt zu entwickeln.

---

[1] „Begründen" und „feststellen" ist hier zu verstehen als: mit Wahrheitsanspruch als objektiv behaupten.

[2] *Emge*, Über das Verhältnis von „normativem Rechtsdenken" zur „Lebenswirklichkeit", nennt es die „verfluchte Frage der Rechtsphilosophie" (a.a.O., S. 89 f.; die Stelle ist auch abgedruckt bei *Schreiber*, Geltung von Rechtsnormen, S. 138). Noch 1969 meinte *Heinz*, ARSP 1969, S. 355, daß der Begriff abschließender Klärung bisher widerstanden habe. *Friedrich Müller*, Juristische Methodik, verwendet den Begriff „verbindlich" recht häufig (z. B. S. 99, 108, 109, 125), ohne daß der Sinn dieses Begriffs ganz deutlich wird. Auf S. 99 könnte Durchsetzbarkeit gemeint sein; jedoch paßt hierzu nicht die Verwendung auf S. 109 und S. 125.

[3] Recht und Sittlichkeit, S. 11.

[4] In der Terminologie von *Klug*, Festschr. Nipperdey, S. 89, handelt es sich um die Frage der „ethischen Geltung"; vgl. auch, wie sich *Emge*, Philosophie der Rechtswissenschaft, S. 22, umschreibend, negativ abgrenzend dem Begriff nähert.

I. „Sollen" in der rechtstheoretischen Diskussion

1. Versuche, objektives Sollen zu begründen

Die Versuche, ein objektives Sollen zu begründen, lassen sich in zwei Gruppen einteilen: auf der einen Seite wird die Verbindlichkeit des Rechts aus seinem Inhalt geschlossen (dieser Ansatz soll *material* genannt werden)[5]; der andere Weg ist der, die Verbindlichkeit auf die Autorität einer Instanz zu gründen (in Zukunft *formal* genannt)[6, 7].

a) Der materiale Ansatz

Die Argumentationen, die den Inhalt rechtlicher Regelungen als konstitutiv für deren Verbindlichkeit ansehen, lassen sich alle auf die folgende Argumentationsreihe zurückführen: Es gibt objektive Werte — Rechtssetzer und Rechtsanwender sind auf diese Werte als Ziele[8] verpflichtet — die Werte sind „Grund und Grenzen der Verbindlichkeit des Rechts"[9]. Dies hat seinen Grund darin, daß die beschriebene Argumentationskette nichts anderes ist als eine andere Bezeichnung für „materiale Begründung der Verbindlichkeit".

„Inhalt" einer Rechtsnorm ist der in ihr geforderte Zustand[10]. Z. B. ist der geforderte Inhalt des § 212 StGB, daß Menschen nicht vorsätzlich getötet werden. Wenn eine solche Forderung wegen ihres Inhalts verbindlich sein soll, so muß dieser Inhalt eine besondere Qualität haben: er muß um seiner selbst willen fordernswert sein[11] — ein Wert[12]. Und um ein

---

[5] Vgl. auch die Terminologie von *Henkel*, Einführung in die Rechtsphilosophie, S. 453.

[6] Die Unterscheidung *Kelsens* zwischen „statischem" und „dynamischem" Prinzip entspricht hinsichtlich der Klassifizierung von Verbindlichkeitsbegründungen der hier vorgeschlagenen Einteilung (*Kelsen*, Reine Rechtslehre, S. 198 f.); vgl. auch bereits *Bergbohm*, Jurisprudenz und Rechtsphilosophie, S. 543, der zwischen Normengehalt oder Rechtsinhalt auf der einen und Rechtseigenschaft oder Rechtsform auf der anderen Seite unterscheidet.

[7] Diese beiden unterschiedlichen Ansätze begegnen uns bereits im Mittelalter in dem Gegensatz zwischen Universalismus und Nominalismus. Vgl. *Verdroß*, Abendländische Rechtsphilosophie, S. 83 ff., zu der Linie von *Wilhelm von Ockam* über *Hobbes* zum Rechtspositivismus vgl. auch *Passerin d'Entrèves*, Festschr. Erik Wolf, S. 311. Siehe zu der getroffenen Einteilung auch *Kriele*, Die Herausforderung des Verfassungsstaates, S. 11.

[8] Oder Maßstäbe; die Unterscheidung „Wert als Ziel oder Gut" und „Wert als Maßstab" von *Lautmann*, Wert und Norm, S. 26, halte ich in diesem Zusammenhang für nicht erheblich.

[9] Vgl. die gleichnamige Schrift von *Martin Drath*.

[10] Nach dem Sprachgebrauch ist Inhalt eigentlich die Forderung selbst; wenn jedoch von Begründung der Verbindlichkeit der Norm, also der Forderung, durch ihren Inhalt die Rede ist, dann muß Inhalt hier das sein, worauf sich die Forderung bezieht.

[11] Der Inhalt könnte auch Mittel zu einem hinter ihm stehenden Ziel sein, dann wäre aber dieses Ziel selbst der Grund der Verbindlichkeit.

[12] Zu der Definition vgl. *Max Weber*, Die „Objektivität" sozialwissenschaftlicher und sozialpolitischer Erkenntnis, Methodologische Schriften, S. 4.

objektives Sollen zu begründen, darf dieser Wert nicht nur für ein forderndes Subjekt bestehen — etwa den Gesetzgeber —, sondern muß objektiv bestehen und verpflichtende Kraft haben, wobei hiermit noch nichts über die Existenz (oder Geltung) derartiger Werte gesagt ist, sondern nur behauptet wird, daß diese Position notwendig vom materialen Ansatz mitumfaßt ist. Diese kurze Gedankenkette mag genügen, da, soweit ersichtlich, noch kein Anhänger des materialen Ansatzes geleugnet hat, daß objektive Werte Voraussetzung für objektives Sollen sind. Bei Verwendung des Begriffs „Wert" sind Mißverständnisse zu beachten. In psychologisch beschreibender Perspektive sind Werte Objekte von Begehrensakten, und als objektive Werte können Gegenstände bezeichnet werden, die von allen erstrebt werden[13]. Werte, die ein objektives Sollen begründen können, müßten jedoch vom tatsächlichen Begehren unabhängig sein: Objekte eines eigenen „Werterlebens"[14].

Wegen der allgemeinen und präzisen Form, in der *Heinrich Henkel* seinen Standpunkt darstellt, soll er noch als Beispiel für die oben beschriebene Argumentationsweise zu Worte kommen. Er sagt[15]: „Die Rechtsnorm hat also ihren *materialen Verbindlichkeitsgrund*[16] darin, daß der Inhalt des von ihr Geforderten der Wesenssubstanz oder der Essenz des Rechts entspricht.... Die Verbindlichkeit der Rechtsnorm kann also nicht vom Inhalt der Norm gelöst werden, sondern ist im Gegenteil an diesen Inhalt untrennbar gebunden." Bestimmend für die Beziehung von Inhalt und Verbindlichkeit sei der Begriff der „Rechtsidee". Die Rechtsidee ist eine Kurzformel dafür, daß das Recht gewisse „Rechtswerte" verwirklichen solle. Und die „Rechtsidee als Wertidee" enthalte „eine aus dem *Ethos*[16] des Rechts erwachsende *Verpflichtung*[16], durch die derjenige, der Recht zu setzen und anzuwenden (habe), gebunden" sei.

Wer mit Wahrheitsanspruch die Verbindlichkeit des Rechts (oder genauer: bestimmter Rechtsnormen) material begründen will, muß die Existenz (oder Geltung) objektiver Werte dartun. Zwar kann auf empirischer Grundlage festgestellt werden, daß Menschen gewisse Wertvorstellungen haben, nicht aber, daß diesen Vorstellungen objektive Werte entsprechen[17, 18]. Jedoch ist mit dieser Feststellung die Frage nach

---

[13] Vgl. dazu die Terminologie von *Scheuerle*, Rechtsanwendung, §§ 36 und 37 (insbes. S. 112 f.), die an diejenige *Heinrich Maiers* anknüpft.

[14] Vgl. *Henkel*, Einführung in die Rechtsphilosophie, S. 238 ff. m. w. N. vor allem auf die Wertlehren *Hartmanns* und *Schelers*.

[15] Einführung in die Rechtsphilosophie, S. 453; die Inhalte selbst behandelt er in dem Abschnitt: Rechtsidee, a.a.O., S. 299 - 350.

[16] Hervorhebung von *Henkel*.

[17] Vgl. statt anderer: *Max Weber*, Die „Objektivität" sozialwissenschaftlicher und sozialpolitischer Erkenntnis, Archiv für Sozialwissenschaft und Sozialpolitik, Bd. 19 (1904), und Der Sinn der „Wertfreiheit" der soziologischen und ökonomischen Wissenschaften, Logos Bd. 7 (1917/18) (beide Aufsätze abgedruckt

der Erweislichkeit objektiver Werte noch nicht endgültig negativ entschieden. Da mit Hilfe der empirischen Methode ebenfalls nichts als im metaphysischen Sinne „wahr" festgestellt werden kann, wir vielmehr aus Gründen der Praktikabilität unsere Wahrnehmungen als objektive Realität setzen[19], drängt sich die Frage auf, warum wir nicht unsere Wertvorstellungen als objektive Werte setzen[20]. Der Grund, weshalb es praktikabel ist, das empirisch Wahrgenommene als Realität zu behandeln, ist, daß nach unseren Erfahrungen praktisch alle Menschen in gleichen Situationen gleiche Wahrnehmungen haben; mit anderen Worten: Wahrnehmungen sind intersubjektiv allgemein. Das ist bei Wertvorstellungen nicht der Fall, so daß die Gleichstellung hier nicht ohne weiteres plausibel ist. Damit wird man aber dazu gedrängt, dann Wertvorstellungen als objektive Werte anzusehen, wenn sie in gleichem oder jedenfalls annähernd gleichem Maße intersubjektiv allgemein sind wie Wahrnehmungen. Auf der Grundlage dieses Gedankengangs unternimmt *Arnold Brecht* den Versuch, objektive Werte zu konstituieren. Er stellt vier Bedingungen auf, die Wertevidenzen erfüllen müssen, um als intersubjektiv allgemein angesehen werden zu können: „Erstens unsere eigenen subjektiven Evidenzerfahrungen; zweitens das allgemeine und ausnahmslose Eingeständnis anderer, die sich im Ernste äußern, daß auch sie die gleiche Evidenz verspüren; drittens unsere eigene Unfähigkeit, uns einen Standpunkt auch nur vorzustellen, der diese Elemente nicht enthielte; und viertens die Unfähigkeit auch aller anderen, sich solch eine Abweichung vorzustellen[21]." *Brecht* gibt auch ein Beispiel, bei dem nach seiner Meinung eine derartige intersubjektive Allgemeinheit vorliegt. Wenn man die Gerechtigkeitsvorstellung analysiere, komme man auf fünf für alle Menschen gleiche Bestandteile der Gerechtigkeit: Wahrheit, Generalität des angewandten Wertsystems, gleiche Behandlung dessen, was nach

---

in *Max Weber*, Methodologische Schriften, S. 1 ff., S. 229 ff.); für die rechtsphilosophische Diskussion vgl. *Alf Ross*, Kritik der sogenannten praktischen Erkenntnis, insbes. S. 91 ff., S. 429 ff., *Arnold Brecht*, Politische Theorie, Kap. I und III. Zur neueren Diskussion des Wertfreiheitspostulats: *Albert*, Traktat über kritische Vernunft, S. 62 ff. m. w. N.

[18] Diese Feststellung ist auch nicht in der wissenschaftstheoretischen Auseinandersetzung um das Postulat der Wertfreiheit der Sozialwissenschaften zwischen *Albert* und *Habermas* im Streit. Dort geht es um die Frage, ob „objektiv unverbindliche" Wertbeziehungen unvermeidliche Voraussetzungen sozialwissenschaftlicher Theorien sind oder nicht, und die aus der Antwort folgenden Konsequenzen. (Vgl. *Habermas*, Zur Logik der Sozialwissenschaften, Materialien, S. 88 f., 317 ff.)

[19] Zum Entscheidungscharakter methodologischer Kriterien vgl. *Albert*, Wertfreiheit als methodisches Prinzip, S. 186 ff.; derselbe, Traktat über die kritische Vernunft, S. 59 f.; vgl. auch *Habermas*, Erkenntnis und Interesse, S. 342 f.

[20] Vgl. *Hruschka*, ARSP 1968, S. 176.

[21] Politische Theorie, S. 474.

dem akzeptierten Wertsystem gleich ist, keine über die Erfordernisse des akzeptierten Wertsystems hinausgehende Freiheitsbeschränkung, Achtung vor den Naturnotwendigkeiten[22].

Hier soll nicht näher auf die Frage eingegangen werden, ob es derartige in der menschlichen Natur begründete Evidenzen gibt, gleichsam Wertinstinkte. Für diese Erlebnisse dann objektive Werte zu setzen, wäre in der Tat ebenso legitim wie die Akzeptierung des Wahrgenommenen als Realität. Nur werden Werte, die praktisch für alle Menschen gelten, angesichts der tatsächlich feststellbaren Unterschiedlichkeit der Wertvorstellungen so allgemein sein, daß sie nicht über formale Prinzipien hinausgehen. Mit solchen Werten werden die gegensätzlichsten Rechtsnormen vereinbar sein, so daß diese Werte dann nicht Verbindlichkeitskriterien für die konkreten Rechtsnormen sein können[23]. Deshalb muß auch der Versuch, die Verbindlichkeit von Rechtssätzen aus intersubjektiv allgemeinen Wertevidenzen zu begründen, als gescheitert angesehen werden. Es bleibt damit dabei, daß Werte nicht feststellbar sind[24]. Folglich kann die Verbindlichkeit von Rechtssätzen material nicht begründet werden[25].

In diesem Zusammenhang soll noch *Krieles* Versuch behandelt werden, aus dem Dilemma der Unerweislichkeit objektiver Werte dadurch einen Ausweg zu finden, daß er unterscheidet zwischen den Fragen, was gerecht sei, und ob das Gerechte getan werden solle[26]. Die Frage, was gerecht ist, will *Kriele* auf rein empirischer Basis[26] in der Weise beantworten, daß er aufzeigt, welche Bedeutung alle Menschen mit dem Wort „Gerechtigkeit" verbinden[27]. Dabei werden die Auffassungen derer nicht berücksichtigt, die an der geschichtlichen Diskussion nicht teilgenommen, bzw. sie nicht in ihr historisches Bewußtsein aufgenommen haben[28].

---

[22] *Brecht*, Politische Theorie, S. 477.

[23] Das liegt an der „Offenheit" derartiger allgemeinster Wertungen in dem Sinne, daß es zu ihrer Anwendung auf konkrete Probleme weiterer Wertungen bedarf. *Brechts* Gerechtigkeitsmerkmale (2), (3) und (4) nehmen selbst auf ein noch hinzufügendes Wertsystem Bezug, so daß — je nach Wertsystem — mit ihnen praktisch jede Rechtsnorm vereinbar ist. Das Kriterium der Wahrheit ist bereits wegen der Möglichkeit der Fiktion (vgl. § 1589 II BGB a. F.) praktisch mit jeder Rechtsnorm vereinbar.

[24] Dieser Satz ist selbstverständlich nur richtig, wenn für Erkenntnis intersubjektive Übertragbarkeit gefordert wird (dazu *Brecht*, Politische Theorie, S. 135); ein Beispiel für einen anderen Weg, Wahrheit zu erkennen, gibt *Lerner*, Das Problem der Objektivität von rechtlichen Grundwerten, S. 29 ff.; seine „integrale Methode" baut auf unwiederholbaren und unübertragbaren inneren Erlebnissen auf. Ähnlich hinsichtlich der Erkennbarkeit des Gerechten *W. Burckhardt*, Methode und System des Rechts, S. 247.

[25] Begründet, wie oben S. 12 (FN 1) erläutert.

[26] *Kriele*, Die Kriterien der Gerechtigkeit, S. 31.

[27] Ebd., S. 38 f.

[28] Ebd., S. 32.

Für die Frage, ob durch *Krieles* Methode die Verbindlichkeit von Rechtssätzen material begründet werden kann, würde zur Verneinung eigentlich schon der Umstand genügen, daß *Kriele* ausdrücklich die Frage, ob es wertvoll ist, das Gerechte zu tun, einklammert. Jedoch ist diese Wertung unterschwellig vorhanden. Wenn *Kriele* von der politischen Bedeutung der Gerechtigkeitskriterien spricht[29], wenn er meint, „eine vollständige Klärung aller rechtspolitischen Streitfragen anhand der Kriterien der Gerechtigkeit" würde zu einem „‚Naturrechts'system" führen[30], so zeigt sich die unterliegende, gleichsam selbstverständliche Annahme, daß dann, wenn einmal das Gerechte erkannt ist, über die Frage, ob auch entsprechend gehandelt werden soll, kein Streit mehr bestehen wird. Bei den Kriterien der Begriffe „recht" und „unrecht"[31] wird die Trennung zwischen empirisch zu ermittelnder Bedeutung und der Frage, ob das Rechte getan werden soll, nicht mehr ausdrücklich vorgenommen. Man kann *Kriele* sogar so verstehen, als führe er das „Rechte" ausdrücklich als gesollt ein[32].

Deshalb soll untersucht werden, ob es *Kriele* gelungen ist, auf rein empirischer Basis Kriterien der Gerechtigkeit zu finden. Es ist bereits problematisch, bei der Frage, auf wessen Auffassung es hinsichtlich der Bedeutung von „Gerechtigkeit" ankommt, unter Fortschrittsgesichtspunkten eine Auswahl zu treffen, denn dieses setzt Bewertung verschiedener tatsächlich vorhandener Tendenzen voraus. Hiervon kann aber abgesehen werden, da die von *Kriele* gefundenen Gerechtigkeitskriterien ohnehin insofern nur Hypothesen sind, als er nur sein eigenes Sprachgefühl zugrunde legt, nicht aber empirisch überprüft, welche Bedeutungsvorstellungen in irgendwelchen Bevölkerungskreisen herrschen.

Entscheidend ist, daß die „Gerechtigkeitskriterien" offen sind, indem sie das Element der Würdigkeit enthalten[33], Kriterien der Würdigkeit aber nicht selbst geben. *Kriele* demonstriert dies selbst anhand der „Strafwürdigkeit"[34]: Strafwürdigkeit setzt nach *Kriele* Schuld voraus[35]. Damit hängen die Kriterien der Gerechtigkeit einer Strafe von den Kriterien für Recht und Unrecht ab. Bei der Frage, was „Recht" oder „Unrecht" ist, wertet *Kriele* nun unmittelbar. So bei der Abwägung von fundamentalen und abhängigen Interessen[36]. Daß das Interesse an Lebensgütern, deren

---

[29] Ebd., S. 19 ff.
[30] Ebd., S. 103.
[31] Ebd., S. 61 ff.
[32] Vgl. ebd., S. 83.
[33] Ebd., S. 50.
[34] Ebd., S. 52 ff.
[35] Ebd., S. 53.
[36] Ebd., S. 70 ff.

Besitz Voraussetzung für die Möglichkeit des Besitzes anderer Lebensgüter ist, Vorrang vor diesen „abhängigen" hat, läßt sich als wertungsfreie Aussage nur auf dasselbe Interessensubjekt bezogen auffassen. Sobald ich nämlich sage, das fundamentalere Interesse einer Person habe Vorrang vor dem weniger fundamentalen einer anderen Person, ist dies eine Wertung. Das ist noch deutlicher bei der Wertung *Krieles*, das fundamentalere Interesse eines einzigen Rechtssubjekts gehe dem abhängigeren Interesse sämtlicher anderer Mitglieder der Rechtsgemeinschaft vor[37]. Außerdem verliert die Unterscheidung zwischen „fundamental" und „abhängig" ihre Plausibilität sobald es um die Interessen verschiedener Personen geht. Das zeigt *Krieles* Beispiel vom Gewerbebetrieb[38]. Warum sollte das Interesse an der wirtschaftlichen Existenz eines bestimmten Gewerbebetriebs fundamentaler sein als das an der Schönheit der Landschaft?

Die „Kriterien der Gerechtigkeit" sind also auf Wertungen gegründet, so daß auch ihre Verbindlichkeit nicht feststellbar ist.

b) Der formale Ansatz

Herleitung der Verbindlichkeit von Rechtsnormen von einer Autorität bedeutet heute praktisch Herleitung von einer Person oder Personengruppe, der die entsprechende Autorität zugesprochen wird. Das Argument hat die Form: Was die Person (oder die Personengruppe) X als verbindlich bezeichnet, das ist verbindlich[39].

Die praktisch relevanten formalen Begründungsversuche führen Verbindlichkeit von Rechtsnormen entweder auf Setzung einer „kompetenten rechtsbildenden Macht"[40] oder auf Anerkennung durch die Rechtsgenossen[41] zurück.

Die Rückführung auf die „kompetente Macht" wurde prägnant von *Hobbes* zusammengefaßt: „Auctoritas non veritas facit legem"[42]. Sofern dieser Satz nur den Zwangscharakter des Rechts, das Müssen, meinte, wäre er ebenso unbestreitbar wie banal. Sobald aber die Verbindlichkeit

---

[37] Ebd., S. 74.
[38] Ebd., S. 76.
[39] Die formalen Begründungsversuche werden in der Regel unter der Bezeichnung „Rechtspositivismus" zusammengefaßt. Die übliche Definition des Rechtspositivismus besagt, daß er die Rechtsnormen für verbindlich erklärt, die der Inhaber der Staatsgewalt erlassen hat und durchsetzt (vgl. *R. Schreiber*, Geltung von Rechtsnormen, S. 106 m. w. N.); hiernach ist der Rechtspositivismus ein Unterfall der formalen Begründung von Verbindlichkeit.
[40] *Bergbohm*, Jurisprudenz und Rechtsphilosophie I, S. 549.
[41] z. B. *Bierling*, Juristische Prinzipienlehre, Bd. I, S. 41 - 48; *Beling*, Vom Positivismus zum Naturrecht und zurück, S. 10.
[42] Leviathan, cap. 26.

der durch den oder die Machthaber aufgestellten Normen behauptet wird, muß diese Verbindlichkeit begründet werden. Als Antwort der Rechtspositivisten auf die Frage nach dem Grund der „Kompetenz" der Machthaber zur Aufstellung von verbindlichen Regeln finden wir regelmäßig das Argument der Rechtssicherheit oder des Rechtsfriedens[43]. Hinter diesem Argument steht die Wertung, daß die Aufrechterhaltung von Ordnung, gleich welchen Inhalts, ein erstrebenswertes Ziel sei[44]. Als Kritik würde bereits genügen, daß mit dem Prinzip der Ordnung noch nicht eine bestimmte Ordnung gerechtfertigt ist[45]. Es kann aber viel allgemeiner eingewandt werden, daß die Legitimierung der Autorität mit einem Wert, also material geschieht und somit die Einwände gegen den materialen Ansatz auf sich zieht.

Bei der Rückführung der Verbindlichkeit auf die Anerkennung durch die Rechtsgenossen ist zunächst zu klären, was damit gemeint ist. Wenn es bedeutet, daß nur für denjenigen eine Rechtsregel verbindlich ist, der sie innerlich anerkennt[46], so ist damit etwas anderes gemeint als das objektive Sollen, nach dem hier gefragt ist[47]. Wenn „Anerkennung" nicht bedeutet, daß alle Betroffenen die Rechtsregel akzeptiert haben müssen, so kann der Begriff nur bedeuten: Anerkennung durch einen Teil der Bevölkerung, und praktisch kommt da nur entweder die herrschende Schicht[48] oder die Mehrheit in Frage. In beiden Fällen käme es wie bei der Ableitung von einer „kompetenten Macht" auf die Legitimierung von Herrschaft an, also auf die Zurückführung auf Werte. Damit lassen sich alle Versuche formaler Begründung der Verbindlichkeit von Rechtsnormen auf den materialen Ansatz zurückführen und sind folglich ebenso zum Scheitern verurteilt wie die unmittelbar materialen Versuche.

Dieses Ergebnis läßt sich auch ohne die Untersuchung einzelner formaler Begründungsversuche gewinnen. Wenn ich die Verbindlichkeit von Rechtsnormen auf eine Autorität zurückführe, kann ich entweder weitere Fragen nach der Legitimation dieser Autorität ausschließen, so daß sie ihre Legitimation in sich selbst trägt. Das bedeutet aber, daß es ein letztes Ziel ist, dieser Autorität zu gehorchen. Ich behaupte also, daß die Autorität selbst einen Weg darstellt. Oder ich frage nach der Legitimation der Autorität. Da ich sie nicht mit einer anderen Autorität begründen kann — diese wäre sonst die eigentliche Autorität, deren Legi-

---

[43] Etwa bei *Radbruch*, Rechtsphilosophie, S. 180 f.
[44] Vgl. *Evers*, Der Richter und das unsittliche Gesetz, S. 141: „Auch die verwerflichste Rechtsordnung hat noch einen verpflichtenden Wert. Denn auch sie gewährt noch Schutz und schafft Ordnung, wenn auch höchst unvollkommen."
[45] Siehe oben FN 23.
[46] So z. B. *Laun*, Recht und Sittlichkeit, S. 11.
[47] Siehe oben S. 12.
[48] So *Beling*, Vom Positivismus zum Naturrecht und zurück, S. 10.

timation zu begründen wäre —, muß ich inhaltlich argumentieren, das heißt auf Werte rekurrieren[49].

Damit steht fest, daß die Verbindlichkeit von Rechtsnormen nicht in der Weise begründbar ist, daß sie intersubjektiv allgemein einsehbar gemacht wird.

2. Leugnung objektiven Sollens

Aus der Unmöglichkeit, die Verbindlichkeit von Rechtssätzen so darzulegen, daß sie von jedermann eingesehen wird, haben mehrere Autoren den Schluß gezogen, daß der Begriff der Verbindlichkeit generell aus der juristischen Argumentation zu verbannen sei. Was nicht intersubjektiv allgemein feststellbar sei, könne auch für die Rechtswissenschaft nicht als existierend betrachtet werden[50]. Besonders deutlich formuliert *Olivecrona* diesen Standpunkt, so daß er hier wörtlich zitiert werden soll: „Jeder Versuch, wissenschaftlich die Anschauung zu verfechten, die Rechtsordnung habe eine bindende Kraft auf andere Weise, als daß sie rein faktisch einen Druck auf die Menschen ausübt, ist zum Scheitern verurteilt. Dies kann nur zu Widersprüchen und anderen Absurditäten führen. Halten wir uns nur an Tatsachen, so haben wir es nur mit der Idee (*Olivecrona* meint Vorstellung) der bindenden Kraft zu tun. Sie ist eine psychologische Realität, die bedeutsam genug ist. Das ist aber auch alles[51]."

Das Besondere an dem Konzept der zitierten Autoren ist nicht, daß sie die Rechtsphänomene rein empirisch darstellen als organisierte menschliche Interaktionen, verursacht durch äußere und innere (psychische) Realfaktoren, die miteinander in Beziehung stehen und selbst wiederum durch Handlungen beeinflußt werden[52]. Dies könnte auch die spezielle

---

[49] Mit einer gewissen Überspitzung kann man daher sagen, daß sich der Rechtspositivismus nur naturrechtlich begründen lasse; dazu *Ross*, Theorie der Rechtsquellen, S. 182; *derselbe*, Validity and the Conflict between Legal Positivism and Natural Law, S. 72 - 76.

[50] Es handelt sich dabei vor allem um skandinavische Autoren; die Schweden *Hägerström, Lundstedt* und *Olivecrona* von der sogenannten „Schule von Uppsala" und den Dänen *Alf Ross*. In Deutschland behauptet neuerdings *Rupert Schreiber* dasselbe. Vgl. *Hägerström*, Inquiries into the Nature of Law and Morals, S. 8 und 16 i. V. m. S. 1; *Lundstedt*, Die Unwissenschaftlichkeit der Rechtswissenschaft I, S. 172 f.; *Olivecrona*, Gesetz und Staat, S. 9 ff.; *Ross*, Towards a Realistic Jurisprudence, S. 77; On Law and Justice, S. 9 und 68; *Schreiber*, Die Geltung von Rechtsnormen, S. 140; zur „Schule von Uppsala" und ihren wissenschaftstheoretischen Grundlagen vgl. auch H. H. *Vogel*, Der skandinavische Rechtsrealismus.

[51] Gesetz und Staat, S. 11.

[52] Vgl. *Hägerström*, Festskrift Vitalis Norström (übersetzt bei *Lundstedt*, Die Unwissenschaftlichkeit der Rechtswissenschaft I, S. 219 - 229, insbes. S. 220); *Ross*, Towards a Realistic Jurisprudence, S. 81 f.

Perspektive einer empirischen Rechtssoziologie sein. Das Besondere ist vielmehr, daß diese Autoren überhaupt keine Betrachtungsweise für legitim halten, die von der Verbindlichkeit von Rechtsnormen ausgeht[53].

II. „Verbindlichkeit" als Kürzel ohne metaphysische Bedeutung

Die radikale Ausschaltung des Konzepts eines objektiven Sollens ist für eine Wissenschaft, die allgemein anerkannte Aussagen gewinnen will, eine notwendige Konsequenz aus der Unmöglichkeit, Wertaussagen als richtig zu erweisen. Die Rechtswissenschaft hat jedoch auch andere Funktionen als die korrekte Beschreibung rechtlicher Phänomene. Hier soll gezeigt werden, daß im Bereich der juristischen Tätigkeit, die auf die Gewinnung und Beeinflussung von richterlichen Entscheidungen gerichtet ist, auf den Begriff der Verbindlichkeit nicht verzichtet werden kann, also die oben dargestellten möglichen Einwände gegen diesen Begriff abgeschnitten werden müssen. Die beschriebene juristische Tätigkeit soll im Einklang mit dem üblichen Sprachgebrauch Rechtsdogmatik genannt werden[54, 55].

Der Nachweis, daß im Bereich der Rechtsdogmatik das Konzept der Verbindlichkeit erforderlich ist, soll im Wege der Erörterung der Position der Autoren geführt werden, die jegliches Sollen aus der juristischen Argumentation verbannen wollen. Er soll dann als geführt gelten, wenn nachgewiesen ist, daß keiner der oben angeführten „antimetaphysischen" Autoren für den Bereich der Rechtsdogmatik auf das Konzept der Verbindlichkeit von Rechtsnormen verzichten kann.

Der wohl engagierteste Kämpfer für eine juristische Theorie und Praxis ohne Verbindlichkeit ist *Lundstedt*[56]. Er unterscheidet zwischen Rechtstheorie, die untersucht, wie und warum das gesellschaftliche Phänomen: Recht[57] funktioniert, und einer auf Beeinflussung der Praxis ge-

---

[53] Vgl. *Ross*, On Law and Justice, S. IX f.; Lundstedt, Legal Thinking Revised, S. 123; *Olivecrona*, Gesetz und Staat, S. 10; *Schreiber*, Die Geltung von Rechtsnormen, S. 256, insbes. These 14.

[54] Zu den verschiedenen Verwendungen des Begriffs: Rechtsdogmatik vgl. *Thul*, Untersuchungen zum Begriff der Rechtsdogmatik, S. 34 ff.; vgl. auch *Viehweg*, Ideologie und Recht, S. 85, Festschr. OLG Zweibrücken, S. 331 f.; *Wieacker*, Festschr. Gadamer Bd. 2, S. 311 ff., insbes. S. 319 ff. m. w. N.

[55] Vgl. den entsprechenden Begriff der Jurisprudenz bei *Ballweg*, Rechtswissenschaft und Jurisprudenz, S. 62; Jurisprudenz sei „der handlungs- und entscheidungsorientierte Gesamtkomplex des Rechtslebens ...", unter Einschluß der an den juristischen Handlungs- und Entscheidungsvorgängen ausgerichteten Lehre". Ob es zweckmäßig ist, eine Terminologie zu wählen, nach der diese handlungsorientierte Tätigkeit von wissenschaftlicher Tätigkeit zu unterscheiden ist (so *Ballweg*, a.a.O., S. 4), soll hier nicht erörtert werden.

[56] Anerkennend zitiert er selbst einen anderen Autor, der ihn wegen dieses Eifers mit Don Quijote verglichen hat; vgl. Legal Thinking Revised, S. 130.

[57] *Lundstedt* spricht von „Legal machinery"; Legal Thinking Revised, S. 124.

richteten Tätigkeit des Rechtswissenschaftlers. Diese nennt er „konstruktive Rechtwissenschaft[58] und versteht darunter im wesentlichen Rechtspolitik[59] und Rechtsdogmatik[60]. Die Frage ist: Kann die „konstruktive Rechtswissenschaft", soweit sie Rechtsdogmatik ist, auf den Begriff der Rechtspflicht verzichten?

Die entscheidende Schwierigkeit, Verbindlichkeit auf empirischer Grundlage zu begründen, liegt in der Unmöglichkeit, objektive Werte empirisch festzustellen. Es erstaunt daher, daß bei der „konstruktiven Rechtswissenschaft" gewertet werden soll[61]. Für eine empirische Wissenschaft kann Wertung nichts anderes sein als ein psychisches Faktum — also nur der *Gegenstand* wissenschaftlicher Arbeit, während bei der „konstruktiven Rechtswissenschaft" die erarbeiteten Empfehlungen an Justiz und Gesetzgebung unter anderem auf Wertungen beruhen sollen, diese also *Grundlage* der wissenschaftlichen Arbeit selbst sein sollen. Zunächst hat es den Anschein, als löse *Lundstedt* diesen Widerspruch dadurch auf, daß er das Werten des Rechtswissenschaftlers an einen vorgegebenen Maßstab binde: den gesellschaftlichen Nutzen (social welfare)[62] und dadurch nur relative Wertaussagen mache, die nicht im Widerspruch zu den Voraussetzungen empirischer Wissenschaften stünden.

Jedoch kann der „gesellschaftliche Nutzen" gar kein festumrissenes Ziel sein, aus dem sich Wertungen notwendig ableiten lassen. Erstens enthebt uns diese Formel nicht der Entscheidung im Einzelfall zwischen inkommensurablen Zielen wie etwa der Maximierung des Bruttosozialprodukts oder der Förderung nichtökonomischer Interessen. Zweitens gibt es nicht „die Gesellschaft" als Subjekt von Interessen; sie ist vielmehr ein Integrat von Individuen und Gruppen mit teilweise gegensätzlichen Interessen[63]. Auch *Lundstedt* selbst verwahrt sich gegen diese Auslegung. Für ihn ist das „Prinzip" des sozialen Nutzens eher eine Methode: Statt das Gerechtigkeitsgefühl sprechen zu lassen, solle man die Folgen jeder Regelung vorausbedenken und die Entscheidung so treffen, daß

---

[58] „Constructive legal science" oder „constructive jurisprudence", für *Lundstedt*, Synonyme, vgl. Legal Thinking Revised, S. 130.

[59] Darunter wird hier Beratung der Gesetzgebung verstanden.

[60] *Lundstedt* beschreibt ihr Gebiet als „taking up an evaluating position in regard to the content of law and proposed legislation, further the interpretation of law in general as well as regarding its application in given cases, and finally also a systematization of the material appertaining hereto". Legal Thinking Revised, S. 133.

[61] Siehe ebd., S. 16, FN 4.

[62] Legal Thinking Revised, S. 133; er spricht dort von „the purpose to benefit society"; damit bezieht er sich auf seinen sonst verwendeten Begriff: social welfare, dazu ebd., S. 136 f.

[63] Eine Kritik des Begriffs „sozialer Nutzen" bei *Ross*, On Law and Justice, S. 295 f.

II. „Verbindlichkeit" als Kürzel ohne metaphysische Bedeutung

die gewünschten Folgen eintreten und die unerwünschten vermieden werden[64]. Es handle sich nicht um ein Prinzip, einen inhaltlich festliegenden Wert, sondern nur um eine praktische Richtschnur. Welchen Inhalt der Begriff im konkreten Fall habe, hänge von der Wertung der jeweils entscheidenden Personen ab[65].

Damit bleibt die Frage offen, wie nach *Lundstedt* der empirische Rechtswissenschaftler Wertungen zur Grundlage von Aussagen machen kann. Er selbst erkennt an, daß es auch für diese Wertungen auf empirischer Basis keine Richtigkeitskriterien gibt[66]. Trotzdem sollen Gesetzgebung und Rechtsprechung durch die Wertung des Rechtswissenschaftlers „geführt" werden[67]. Damit kann als erste Abweichung von der Entwicklung einer rein empirischen Rechtswissenschaft festgehalten werden, daß die Entlarvung aller Werte als subjektiv und unbeweisbar nicht verhindern kann, daß Wertungen die Grundlage der „konstruktiven Rechtswissenschaft" bilden.

Darüber, ob entsprechend den beibehaltenen Werten auch die Verbindlichkeit, wenn auch vielleicht implicite, wieder auftaucht, gibt die Beschreibung der Wirkungsweise des Rechtsmechanismus Aufschluß. Ausführlich beschreibt *Lundstedt* Aufgabe und Wirkungsweise des Strafrechts. Nachdem er die Spezialprävention und die auf Abschreckung beruhende Generalprävention als Strafzwecke abgelehnt hat[68], führt er aus, Hauptaufgabe des Strafrechts sei es, spontane Gefühle, „moralische Instinkte", gegen bestimmte Verhaltensweisen zu erzeugen[69]. Diesen Gefühlen entsprächen Wertschätzungen der durch das Strafrecht geschützten Güter (*Lundstedt* spricht von „sozialen Werten"[70]). Dem allgemein verbreiteten Gefühl der Abneigung gegen bestimmte Taten entspreche beim Einzelnen das Gefühl der Pflicht, die Tat zu unterlassen[71]. An anderer Stelle[72] sagt *Lundstedt* noch deutlicher, daß unbedingte Pflichtgefühle für die Gesellschaft absolut notwendig seien. Was von *Lundstedt* für das Strafrecht ausgeführt wird, gilt selbstverständlich auch für andere Rechtsgebiete. Ohne das Pflichtgefühl etwa, daß Verträge einzuhalten sind, käme der wirtschaftliche Verkehr sicherlich in große Schwierigkeiten. Trotz der Ablehnung objektiver Verbindlichkeit er-

---

[64] Legal Thinking Revised, S. 197; Die Unwissenschaftlichkeit der Rechtswissenschaft I, S. 260 f.
[65] Legal Thinking Revised, S. 171.
[66] Ebd., S. 200.
[67] Ebd., S. 210.
[68] Die Unwissenschaftlichkeit der Rechtswissenschaft II, S. 85 f.; S. 88 f.
[69] Legal Thinking Resived, S. 229.
[70] Ebd., S. 230.
[71] Ebd., S. 231, 232.
[72] Die Unwissenschaftlichkeit der Rechtswissenschaft I, S. 240, 244; II, S. 93.

kennt *Lundstedt* somit an, daß die *Vorstellung* verbindlicher Normen durch die Mitglieder der Gesellschaft ein konstitutives Element einer wirksamen Rechtsordnung ist.

Diese Aussage steht nicht im Widerspruch zu den Forderungen empirischer Wissenschaft, denn Pflichtgefühle sind Tatsachen, wenn auch (für die empirische Wissenschaft) Illusionen[73].

Aus dieser Erkenntnis der Rechtswirklichkeit ergeben sich Konsequenzen für die „konstruktive Rechtswissenschaft". Soweit es sich dabei um Rechtsdogmatik handelt[74], also die Beratung und Beeinflussung der Rechtsprechung, wird relevant, wodurch das Verhalten der Gerichte bestimmt wird. Mit dieser Frage, sagt *Lundstedt*[75], komme man „auf den ganzen verwickelten Komplex des Rechtsmechanismus, in dem Gesetzesparagraphen und ungeschriebene ‚Regeln' eine größere oder geringere Rolle spielten". Mit dem Begriff „Regeln" meint er objektiv verpflichtende Normen; und von diesen sagt er: „Aber ... an sich, d. h. wenn man sie nicht zu diesem ganzen schier unentwirrbaren Knäuel psychologisch wirkender Faktoren in Beziehung setzt, sind sowohl geschriebene als auch ungeschriebene Regeln undenkbar[76]." Man könnte meinen, *Lundstedt* würde aus dieser These die Konsequenz ziehen, daß die Gerichte ungebunden entscheiden könnten. Denn wenn es keine objektiv verpflichtenden Regeln gibt, so kann man solche auch nicht beachten. Jedoch meint *Lundstedt*, auch ein Richter, der „aufgeklärt" sei, d. h. erkannt habe, daß es objektiv verpflichtende Normen gar nicht gebe, müsse „wegen der allgemeinen Ansicht vom Wesen des Rechts *der Form nach* von diesen Rechtsregeln als bindend ausgehen[77]."

Diese Forderung bedarf der Interpretation. Zunächst darf sie nicht dahingehend mißverstanden werden, als sei sie eine Konzession an die heutige unaufgeklärte Zeit, die überflüssig werde, sobald auch das allgemeine Rechtsbewußtsein „aufgeklärt" sei; denn *Lundstedt* geht selbst davon aus, daß Pflichtgefühle, also die Vorstellung objektiv verpflichtender Regeln, bei der Bevölkerung für das Funktionieren der Rechtsordnung unerläßlich seien[78]. Der Richter wird also immer „der Form nach" von bindenden Rechtsregeln ausgehen müssen.

Unklar ist weiterhin, was „der Form nach" bedeutet. Es könnte so verstanden werden, als solle der Richter die Bevölkerung täuschen: Da die

---

[73] Vgl. hierzu *Ross*, Kritik der sogenannten praktischen Erkenntnis, S. 429 ff.
[74] Zum hier verwendeten Begriff der Rechtsdogmatik s. o. S. 21 f. u. FN 45, 55.
[75] Die Unwissenschaftlichkeit der Rechtswissenschaft I, S. 259.
[76] Ebd., S. 259 f.
[77] Ebd., S. 260, 263.
[78] Siehe oben S. 23.

II. „Verbindlichkeit" als Kürzel ohne metaphysische Bedeutung 25

Illusion objektiver Pflicht zur Aufrechterhaltung der Ordnung nötig sei, dürfe man dem Volk seine Illusion nicht nehmen[79]. Diese Konzeption würde die Bevölkerung einteilen in die große Gruppe gezielt „abergläubisch" (nämlich im Glauben an objektive Pflichten) gehaltener Normalbürger und eine kleine Gruppe „Wissender", die durch Erzeugung und Manipulation von Illusionen die Rechtsgemeinschaft steuern[80]. Diese Auslegung widerspricht jedoch der von *Lundstedt* selbst an anderer Stelle beschriebenen Funktionsweise des Rechtsstabs. *Lundstedt* wendet sich an das Ethos der Richter, auch wenn dies in versteckter, scheinbar rein beschreibender Form geschieht. Er schreibt: „Für den wissenschaftlich aufgeklärten Richter gibt es, *wenn er nicht korrumpiert ist*[81], kein anderes Interesse als die Rücksicht auf das Wohl des Staates[82]." Man kann unterstellen, daß *Lundstedt* von den Richtern fordert, nicht korrumpiert zu sein; was soll sonst das wertungsgeladene Wort? Damit sagt *Lundstedt:* daß der Richter sich in bestimmter Weise verhalten *soll*. Noch deutlicher sagt er es auf Seite 263, daß das Pflichtgefühl auch bei den Richtern für das Funktionieren des Rechtsmechanismus erforderlich sei: der Richter werde in aller Regel dem gesellschaftlichen Nutzen dienen, da die „allgemeine moralische Atmosphäre in der Gesellschaft einen starken moralischen Druck auf den Richter" ausübe[83]. „Moralischer Druck" bedeutet, daß beim Richter ein Pflichtgefühl erzeugt wird. Zwar erklärt *Lundstedt* — anders als beim Normalbürger — nicht ausdrücklich, daß dies für das Funktionieren des Rechtsmechanismus erforderlich sei, jedoch ergibt sich dieser Schluß aus dem Zusammenhang: der moralische Druck bewirkt, daß der Richter dem sozialen Nutzen dient. Dies aber ist die Hauptforderung *Lundstedts.*

Auf die Befolgung der Gesetze bezogen, die der Richter auch nach *Lundstedt* beachten soll, (da dies sozial nützlich ist[84]), bedeutet dies, daß es erforderlich ist, daß der Richter sich verpflichtet fühlt, die Gesetze zu befolgen, also sie als objektiv verpflichtende Normen anzusehen[85].

Aus der Sicht des empirischen Beobachters heißt dies, daß ebenso wie die Bevölkerung auch die Richter die „Illusion" objektiver Pflicht haben müssen.

---

[79] Das ist genau die Ansicht von *Blaise Pascal*, Pensées, Fragment Nr. 319, abgedruckt bei *E. E. Hirsch*, Das Recht im sozialen Ordnungsgefüge, S. 14.
[80] Ein Haruspex muß das Lachen bezwingen, wenn er den anderen sieht.
[81] Hervorhebung bei *Lundstedt*.
[82] Die Unwissenschaftlichkeit der Rechtswissenschaft I, S. 261.
[83] Ebd., S. 263.
[84] Ebd., S. 262.
[85] Ausführlich zu dieser notwendigen Konsequenz aus *Lundstedts* Ansatz: *Schenk*, Öst. Zeitschr. f. öfftl. Recht, 14 (1934), S. 188.

Alf Ross hat das Problem der Verbindlichkeit in seinem bereits zitierten Aufsatz[86] in den Mittelpunkt der Erörterung gestellt. Seine theoretische Position wird aus dem folgenden Zitat deutlich: „In so far as this term is taken to mean that the law possesses an inherent moral force (the „binding force") constraining the subjects, not only by threat of sanctions, but also morally, in the conscience, it has no place or function in the doctrin of law. Validity, in this interpretation, is an aprioristic idea not reducible to empirical terms defined by observable facts. If now the science of law — and by this term I understand the activity directed toward describing the law actually in force in a certain country at a certain time — is to be understood as an empirical science, there can be no place in it for any concept of this kind[87]." Diese Ablehnung der „Verbindlichkeit" ist bereits auch vom empirischen Standpunkt aus zu radikal, wenn sie so zu verstehen ist, daß die moralischen Vorstellungen, die Gewissen der Menschen, keinen Einfluß auf das „in einem bestimmten Land zu einer bestimmten Zeit tatsächliche Recht" hätten. Zwar deutet die alleinige Betonung der Furcht vor Sanktionen als Motiv für normgemäßes Handeln auf diesen Sinn hin, jedoch zeigen andere Stellen, daß auch *Ross* den moralischen Vorstellungen der Menschen eine wichtige Rolle für das Recht zuschreibt[88].

Über die Art und Weise und den Rahmen wertender juristischer Tätigkeit äußert sich *Ross* in seinem Werk: „On Law and Justice". Zunächst stellt er fest, daß kaum ein Rechtswissenschaftler sich darauf beschränke, rein kognitive Aussagen zu machen. Er bemühe sich in aller Regel, dort, wo Entwicklungsmöglichkeiten für die Rechtsordnung bestünden, die Entwicklung in seinem Sinne, d. h. gemäß seinen Wertungen zu beeinflussen[89]. Über die Funktionsweise des Rechts sagt er, daß die Bürger

---

[86] Validity and the Conflict between Legal Positivism and Natural Law. Revista Juridica de Buenos Aires, IV (1961), S. 46 - 88.

[87] „Sofern unter diesem Begriff (Geltung; d. Verf.) verstanden wird, daß dem Recht eine moralische Kraft innewohne (die ‚bindende Kraft'), welche die Menschen nicht nur durch die Androhung von Sanktionen zu normgemäßem Verhalten veranlasse, sondern auch moralisch, im Gewissen, hat er weder Platz noch Funktion in der Rechtslehre. Geltung in diesem Sinne ist eine apriorische Idee, nicht zurückführbar auf empirische Begriffe, die durch beobachtbare Tatsachen definiert sind. Wenn nun die Wissenschaft vom Recht — und unter diesem Begriff verstehe ich die Aktivität, die sich auf die Beschreibung des in einem bestimmten Land zu einer bestimmten Zeit tatsächlich wirksamen Rechts richtet — als empirische Wissenschaft verstanden werden soll, kann es in ihr keinen Raum für irgendein Konzept dieser Art geben."

[88] Validity and the Conflict between Legal Positivism and Natural Law, S. 54: „Moral ideas are without doubt one of the causal factors influencing the evalution of law; ... It is also well known that moral evaluations not infrequently are incorporated into law through the socalled legal standards." Vgl. auch *Ross'* Terminus „Desinterested behaviour attitude" in: Towards a Realistic Jurisprudence, S. 77 ff., 81, 82.

[89] On Law and Justice, S. 46.

II. „Verbindlichkeit" als Kürzel ohne metaphysische Bedeutung 27

die Rechtsnormen sowohl aus Furcht vor Sanktionen beachteten als auch wegen des Gefühls, verpflichtet, also moralisch gebunden zu sein[90]. Wenn die Furcht vor Sanktionen das einzige Motiv wäre, würden die den Normen Unterworfenen diese Ordnung nicht als „Rechtsordnung" („Legal Order") erleben. Erforderlich sei immer „ideologische Anerkennung" der Ordnung[91]. Für die Richter gelte dies in verstärktem Maße. Sie seien in erster Linie durch „reine Pflichtgefühle" motiviert[92]. Die Richter seien geleitet von einer bestimmten „normativen Ideologie"[93].

Aus diesen Thesen kann geschlossen werden, daß es eine Konsequenz der Position von *Ross* ist, daß Teil der „normativen Ideologie" auch die Vorstellung von der Verbindlichkeit von Rechtsnormen ist.

Karl Olivecrona hält die Vorstellung[94] einer bindenden Kraft von Rechtsregeln für eine für das Funktionieren der Rechtsordnung bedeutsame psychologische Tatsache[95]. Genaue Schlußfolgerungen aus diesem Umstand hinsichtlich der Einstellung der Richterschaft zieht er nicht. Aber er deutet die Konsequenz an. Die Rechtswissenschaft komme nicht umhin, Wertungen zu machen. Bereits der Satz, der Richter müsse die Gesetze beachten, sei eine Wertung. Nur müsse diese Wertung von dem, der ein Gesetz kommentiert, „natürlich" nicht wiederholt werden. Sie stehe „nur als eine stillschweigende Voraussetzung hinter der ganzen Arbeit[96]". Damit sagt *Olivecrona*, die Rechtswissenschaft gehe „natürlich" von der Verbindlichkeit des Gesetzes aus.

Arnold Brecht unterscheidet zwischen wissenschaftlicher und juristischer Geltung[97]. Wenn auch die Wissenschaft keine Verbindlichkeit von Rechtssätzen begründen könne, so hindere nichts die Jurisprudenz, bestimmte Kriterien aufzustellen, bei deren Beachtung sie Rechtssätze als gültig behandeln werde[98]. Damit sagt *Brecht*, daß es der Rechtswissenschaft zukomme, eine bestimmte Rechtsideologie aufzustellen, in deren Rahmen der Begriff der Verbindlichkeit von Rechtssätzen wieder seinen Platz habe[99, 100].

---

[90] Ebd., S. 56.
[91] Ebd., S. 55.
[92] Ebd., S. 53 f.
[93] Ebd., S. 74; „Ideologie" wird hier nicht in einem negativ wertenden Sinne gebraucht; vgl. die ähnliche Terminologie bei *Viehweg*, Ideologie und Recht, S. 88 f.
[94] Er sagt zwar „Idee"; jedoch ist aus dem Zusammenhang ersichtlich, daß „Vorstellung" gemeint ist.
[95] Gesetz und Staat, S. 11 f.; auf S. 62 beschreibt er, wie die Vorstellung der Verbindlichkeit die faktische Geltung bewirkt.
[96] Gesetz und Staat, S. 52.
[97] Politische Theorie, S. 193 f.
[98] Ebenso auch ebd., S. 432.
[99] Das zeigt auch der Vergleich mit *Kelsens* Grundnorm: „Nichts kann uns

28   1. Kap.: Ein Begriff der Verbindlichkeit für die Rechtspraxis

Rupert Schreiber kritisiert *Brechts* Auffassung als inkonsequent: Da eine Verbindlichkeit von Rechtsnormen wissenschaftlich nicht begründet werden könne, sei es auch für die juristische Geltungslehre nicht möglich, darauf eine Antwort zu geben[101]. Jedoch kommt auch *Schreiber* um diese „Inkonsequenz" nicht herum. Er erkennt, daß es ein Problem ist, welche Regeln die Richter ihren Entscheidungen zugrunde legen sollen. Da sich wissenschaftlich darauf keine Antwort geben lasse, sei es erforderlich, im Richter ein Ethos zu bilden[102]. Dieses von *Schreiber* geforderte Ethos ist dasselbe, was *Brecht* „juristische Geltungslehre" nennt und *Ross* „Rechtsideologie"[103]. Das von *Schreiber* geforderte Ethos wird sicherlich auch enthalten, daß die Richter unter bestimmten Voraussetzungen Gesetze zu beachten haben, daß diese also für sie verbindlich sind[104].

Damit ist festzustellen, daß alle behandelten Autoren[105], die den Begriff der Verbindlichkeit als unwissenschaftlich ausschließen, im Rahmen eines „richterlichen Ethos", einer „juristischen Geltungslehre", einer „normativen Ideologie" akzeptieren, daß die Richter von der Verbindlichkeit von Rechtsnormen ausgehen müssen. Obgleich damit kein wirklicher Beweis geliefert worden ist[106], wird ab jetzt davon ausgegangen, daß die Vor-

---

davon abhalten, unsere Rechtslehre auf die Fiktion einer anderen Grundnorm zu gründen, nach der die Verfassung jedes Landes gültig ist, soweit sie nicht die Verletzung von Mindestgrundsätzen (minimum standards) über die Achtung der Menschenwürde zuläßt." Ebd., S. 192. Wegen dieses zutreffenden Satzes von *Brecht* trifft auch die Annahme *Krieles* (Kriterien der Gerechtigkeit, S. 12) nicht zu, daß Relativisten wohl immer Positivisten seien, weil der Relativismus eine andere Rechtstheorie kaum zulasse.

[100] Auch wenn *Brecht* von der „Jurisprudenz" spricht kann er nicht etwa so verstanden werden, daß er dem Juristenstand eine besondere Legitimation zusprechen wolle; es geht um das Verhalten der Richter als Inhaber einer Funktion, nicht aber als Glieder eines bestimmten Honoratiorenstandes.

[101] Die Geltung von Rechtsnormen, S. 153 FN 315.

[102] Ebd., S. 192.

[103] Siehe oben S. 22.

[104] *Schreiber* selbst spricht von „materiellen Bindungen", wenn die Rechtsnormen als Vorschriften für die Organe des Sanktionsapparates zu verstehen sind; Die Geltung von Rechtsnormen, S. 202 f.

[105] Der sogenannte „Legal Realism", der in seiner antimetaphysischen Haltung den hier behandelten Autoren verwandt ist, ist für die vorliegende Untersuchung nicht so ergiebig, da er in erster Linie die Frage, was unter geltendem Recht zu verstehen ist, aus der Perspektive der Rechtsunterworfenen sieht; vgl. die berühmte Formulierung von *John Chipman Gray*, The Nature and Sources of Law, S. 125: „The law of a great nation means the opinion of half a dozen old gentlemen ..." Zu einer Kritik dieses Ansatzes vgl. *Ross*, Towards a Realistic Jurisprudence, S. 59 ff.; zur philosophischen Grundlage: *Th. Löffelholz*, Die Rechtsphilosophie des Progmatismus; vgl. auch *Norbert Reich*, Sociological Jurisprudence und Legal Realism im Rechtsdenken Amerikas, und *Gerhard Caspar*, Juristischer Realismus und politische Theorie im amerikanischen Rechtsdenken.

[106] Dafür wären empirische Untersuchungen erforderlich, die wohl kaum mehr als Vermutungen erlauben würden, da das entscheidende Experiment:

II. „Verbindlichkeit" als Kürzel ohne metaphysische Bedeutung

stellung der Verbindlichkeit von Rechtssätzen bei Richtern und Rechtsgenossen unerläßlich für das Funktionieren einer Rechtsordnung ist.

Dieser Befund hat Konsequenzen für die Rechtsdogmatik. Um ihre Aufgabe, die Beratung und Beeinflussung der richterlichen Entscheidungen, erfüllen zu können, muß sie das Recht aus der Perspektive der Richter sehen[107]. Deshalb gilt das hinsichtlich der Erforderlichkeit von Verbindlichkeitsvorstellungen Gesagte für die Rechtsdogmatik ebenso wie für die Richterschaft. Wer rechtsdogmatisch argumentieren will, muß von der Verbindlichkeit gewisser Rechtsnormen ausgehen. Es ist auch nicht widersprüchlich zu sagen, Verbindlichkeit von Rechtsnormen lasse sich nicht beweisen, und zugleich bei juristischer Argumentation von der Verbindlichkeit von Rechtsnormen auszugehen, oder vielmehr entspricht dieser Widerspruch der menschlichen Situation: Auch wer davon überzeugt ist, daß Werte und objektives Sollen nicht nachweisbar sind, wird in vielfacher Hinsicht von Wert- und Pflichtvorstellungen geleitet[108].

Allerdings erhält der Begriff der Verbindlichkeit eine andere — bescheidenere — Bedeutung als er für denjenigen hat, der objektive Werte als wahr behaupten kann. Verbindlichkeit, wie der Begriff hier verwendet wird, ist eine Kurzformel, die zwei Dinge zugleich ausdrücken soll: einmal einen Appell, eine Forderung an andere, sich in bestimmter Weise zu verhalten; zum anderen einen Ausdruck des Erlebens und Akzeptierens dieses gesellschaftlichen Appells[109]. Verbindlichkeit ist deshalb keine Eigenschaft von Rechtsnormen, die diese unabhängig von den sie hand-

---

eine Gesellschaft ohne die Vorstellung der Verbindlichkeit von Rechtsnormen nicht durchführbar sein wird; vgl. allerdings *G. C. Homans*, Theorie der sozialen Gruppe, Kap. 13, wo anhand einer amerikanischen Kleinstadt die wechselseitige Beziehung zwischen sozialer Desintegration, Minderung der Vorstellung der Verbindlichkeit von Normen und Abbau von sozialer Kontrolle beschrieben wird.

[107] Vgl. die Kritik von *Jörgensen*, Recht und Gesellschaft, S. 100 f., an *Ross*, der „das Probleme der Rechtsquellen und der Methode offensichtlich nur *von außen*, als Gegenstand wissenschaftlicher Beschreibung durch den Beobachter betrachte" und die Antwort auf die Frage schuldig bleibe, „wie der Richter selbst *von innen*, als Partner des Spiels der rechtlichen Entscheidung betrachtet, zu seiner Vorstellung vom ‚geltenden Recht' ... kommt".

[108] Vgl. die Antwort von *Ross* an *Verdroß*, Validity and the Conflict between Legal Positivism and Natural Law, Revista Juridica de Buenos Aires, IV (1961), S. 72.

[109] Ob der Mensch zu einer solchen Erlebnisweise biologisch determiniert ist, mag dahingestellt sein; vgl. *Claessens*, Instinkt, Psyche, Geltung, S. 20, der die Hypothese aufstellt, die Tendenz zur „Ordnung" sei biologisch determiniert; vgl. auch den Satz *Fechners*, der Mensch sei „ein Wesen, welches soll" (Ideologische Elemente in positivistischen Rechtsanschauungen, ARSP Beiheft 6, S. 207 FN 13); auch *Ballweg*, Rechtswissenschaft und Jurisprudenz, S. 122, scheint in seinem „(Norm-)Setzungszwang dasselbe zu meinen, was der Hinweis auf *Claessens*, Instinkt, Psyche, Geltung (1. Auflage), S. 167 zeigt, der das Paradoxon ausspricht, daß auch der theoretische Relativist nicht vermeiden könne, absolute Überzeugungen zu haben.

habenden Menschen haben, sondern eine Einstellung von Menschen zu Normen, die einer wertenden Stellungnahme bedarf. Damit wird deutlich, daß die Normen einer inhaltlichen, wenn man so will, ideologischen[110] Rechtfertigung bedürfen, soll nicht die rechtsdogmatische Einstellung, die Verbindlichkeitsvorstellungen nicht mehr zu hinterfragen, sinnlos werden, weil die den Normen entsprechende faktische Ordnung nicht erhaltenswert ist. Mit dieser inhaltlichen Relativierung des Verbindlichkeitsbegriffs wird nicht die Position der materialen Begründung der Verbindlichkeit von Rechtsnormen[111] eingenommen. Es geht nicht um die Begründung einer Qualität von Normen, sondern um die Rechtfertigung menschlichen Verhaltens: der Haltung, die oben mit dem Begriff der Verbindlichkeit umschrieben wurde[112].

---

[110] Siehe oben FN 93.

[111] Siehe oben Kap. 1 Abschnitt I 1 a.

[112] Dem Begriff der Verbindlichkeit wie hier beschrieben entspricht in soziologischer Betrachtungsweise ein Legitimitätsbegriff, wie er etwa von *Luhmann* verwendet wird: „generalisierte Bereitschaft, inhaltlich noch unbestimmte Entscheidungen innerhalb bestimmter Toleranzgrenzen hinzunehmen." Vgl. *Luhmann*, Legitimation durch Verfahren, S. 28 ff.

Zweites Kapitel

Das bindende Gesetz und die Methode der Gesetzesauslegung

Nachdem festgestellt ist, daß und wie der Begriff der Verbindlichkeit auch von demjenigen verwendet werden kann, der auf metaphysische Begründungen verzichtet, kommt es darauf an, Kriterien für die Verbindlichkeit von Rechtsnormen anzugeben.

Als Ausgangspunkt, der hier nicht weiter begründet werden soll, wird zugrundegelegt, daß das Grundgesetz und die Gesetze der BRD grundsätzlich verbindlich sind[1]. Es ist unter den gegebenen Verhältnissen sinnlos, diese Wertung inhaltlich zu rechtfertigen; einerseits ist sie praktisch unbestritten, andererseits wäre es zwecklos, auf anderer Basis rechtsdogmatisch zu argumentieren, da mit einer Anerkennung dieser Basis nicht zu rechnen wäre.

Bevor mögliche Ausnahmen von diesem Grundsatz erörtert werden, soll untersucht werden, ob er gewisse Konsequenzen hinsichtlich des Begriffs des Gesetzes und im Zusammenhang damit der Methode der Gesetzesauslegung nahelegt[2].

I. Der Begriff des bindenden Gesetzes

Sowohl im allgemeinen als auch im juristischen Sprachgebrauch wird das Wort „Gesetz" häufig zweideutig verwendet. Es kann gemeint sein der Gesetzestext als Zeichenfolge. Es kann auch gemeint sein der Gesetzessinn, die Bedeutung des Textes[3].

Wenn von Auslegung eines Gesetzes gesprochen wird, so ist „Gesetz" der Gegenstand der Auslegung, nämlich das, was ausgelegt wird. Das ist

---

[1] Das Problem der Verbindlichkeit von Gewohnheitsrecht wird außer acht gelassen; Verordnungen und Satzungen werden nicht gesondert erwähnt. Es geht hier allerdings um allgemeine, alles gesetzte Recht betreffende Fragen.

[2] Daß das Postulat der Gesetzesbindung einen bestimmten Gesetzes*begriff* erfordert, ist bestritten. *Burmeister*, Die Verfassungsorientierung der Gesetzesauslegung, S. 55 f., kritisiert die einzelnen Auslegungstheorien, da sie von einem „fixierten Verständnis des Gesetzes" ausgingen.

[3] Zur Unterscheidung von sinnhaltiger Form und Sinn vgl. *Betti*, Allgemeine Auslegungslehre, S. 49 f. m. w. N.; vgl. auch den Unterschied zwischen „sprachlichem Ausdruck" und „Ausgedrücktem" bei *Lampe*, Juristische Semantik, S. 12.

der Gesetzestext[4]. Auch wenn davon die Rede ist, das Gesetz könne einen „Bedeutungswandel" erfahren[5], ist mit „Gesetz" der Text gemeint, denn nur dieser, nicht aber der Sinn selbst kann eine Bedeutung *haben*.

Fraglich ist, was unter „Gesetz" zu verstehen ist, wenn es heißt, die Rechtsprechung sei an das Gesetz gebunden. Bei *Germann* heißt es, nur „der endgültig gemäß dem dafür vorgeschriebenen Verfahren festgelegte Gesetzestext ... (sei) ... verbindlich"[6]. Auch in der Rede vom „Bedeutungswandel" der Gesetze ist implicite gesagt, das den Richter bindende Gesetz sei der Text. Bedeutungswandel heißt, daß dasselbe Gesetz zu verschiedenen Zeiten verschiedene Bedeutungen haben kann. Wäre nicht der Text, sondern der Sinn das „bindende Gesetz", so müßte es heißen, im Falle des Bedeutungswandels sei ein früher bindendes Gesetz durch ein neues abgelöst worden. Davon ist nirgendwo die Rede. Wahrscheinlich ist, daß beispielsweise *Larenz* von einem Bedeutungswandel des bindenden Gesetzes ausgeht[7, 8].

Eine befriedigende Antwort auf die Frage, ob eher der Text oder die Bedeutung als das bindende Gesetz bezeichnet werden soll, wird sich erst finden lassen, wenn Klarheit über den Begriff der Bindung besteht. In der Umgangssprache wird sicherlich von vielen gesagt werden, Bindung an das Gesetz bedeute, daß der Richter es beachten, seine Entscheidung an ihm ausrichten müsse. Wenn man diese Antwort präzisiert, kommt man zu der Explikation: Bindung an das Gesetz bedeutet, daß die Entscheidung des Richters durch das Gesetz inhaltlich festgelegt ist (im Sinne einer Anforderung an die Entscheidung). Inhaltliche Determinierung setzt aber voraus, daß das Gesetz ein Gedankeninhalt ist. Das den Richter bindende Gesetz könnte nach diesem Verständnis darum nur der gedankliche Gehalt, der Gesetzessinn sein.

Jedoch ist die Definition des Begriffs der Bindung nicht zwingend vorgegeben. Man kann auch sagen, Bindung an das Gesetz bedeute, daß der Richter bei der Suche nach dem Gesetzessinn vom „authentischen" Gesetzestext auszugehen habe, daß also der Gesetzestext der „verbind-

---

[4] Dazu, daß auch anderes als der Gesetzestext als Auslegungsgegenstand in Frage kommt, vgl. *Mennicken,* Die Ziele der Gesetzesauslegung, S. 13.

[5] *Larenz,* Methodenlehre der Rechtswissenschaft, S. 330 f.

[6] *Germann,* Probleme und Methoden der Rechtsfindung, S. 296.

[7] Hierfür spricht, daß *Larenz* das Problem der Bindung an das Gesetz beim „Bedeutungswandel" nicht behandelt, wohl aber bei der „Rechtsfortbildung"; vgl. Methodenlehre der Rechtsfindung, S. 399 ff.

[8] Mißverständlich ist die Terminologie von *Lautmann,* Freie Rechtsfindung und Methodik der Rechtsanwendung, S. 9 f.; er legt als Arbeitshypothese zugrunde: „Auslegung ist Ermittlung des Sinnes im Zeitpunkt der Normsetzung." Ausgelegt wird die Norm, und zwar insbesondere ihr Tatbestand, bis man zur „Entscheidungsnorm" gelangt ist. „Norm" und „Tatbestand" sind hier Auslegungsgegenstand; „Entscheidungsnorm" ist der Sinn der „Norm".

I. Der Begriff des bindenden Gesetzes

liche" Auslegungsgegenstand sei[9]. Bei diesem Begriff der Bindung wäre der Gesetzestext als reine Zeichenfolge das bindende Gesetz.

Die entscheidende Frage, die sich hinter der nach dem Begriff des bindenden Gesetzes verbirgt, ist darum die, ob unter Bindung des Richters an das Gesetz inhaltliche Determinierung seiner Entscheidung verstanden werden soll oder ob Bindung nur heißen soll, daß ihm in Form des Gesetzestextes ein Fixpunkt vorgeschrieben wird, von dem die Ermittlung des Gesetzessinns auszugehen hat. Dabei darf die Frage, ob Bindung an das Gesetz inhaltliche Determinierung der richterlichen Entscheidung bedeuten soll, nicht mit derjenigen verwechselt werden, in welchem Maße die richterliche Entscheidung inhaltlich festgelegt werden soll. Das eine ist ein terminologisches, das andere ein verfassungspolitisches Problem[10]. Dies übersehen alle, die mit der Begründung, das *Recht* müsse den Bedürfnissen der Zeit angepaßt werden können, verlangen, daß der *Gesetzesinhalt* durch richterliche Auslegung änderbar sei[11]. Wenn Gesetzesbindung inhaltlich Determinierung bedeutete, stünde nur fest, daß die Änderung des Gesetzesinhalts nicht mehr im Rahmen der Bindung an dasselbe Gesetz erfolgen könnte. Jedoch besteht zwischen beiden Fragen ein Zusammenhang unter dem Gesichtspunkt der Zweckmäßigkeit der Terminologie. Wenn die richterliche Entscheidung überhaupt in einem gewissen Umfang durch das Gesetz inhaltlich determiniert sein soll, ist es sinnvoll, dieses Verhältnis zu bezeichnen. Dann bietet sich die Bezeichnung: Bindung an das Gesetz als dem allgemeinen Sprachgebrauch entsprechend an.

Die Beantwortung dieser Frage hat gewisse Konsequenzen im Bereich der Auslegungslehre, wie unten zu zeigen sein wird[12]. Auf der anderen Seite erhält der Begriff der inhaltlichen Determinierung durch das Gesetz erst seinen genauen Sinn, wenn Ziel und Methode der Gesetzesauslegung bestimmt sind. Im Bewußtsein dieser Bedingtheit werden trotzdem zum Zwecke der Darstellung die einzelnen Fragen nacheinander behandelt, wobei zu beachten ist, daß es nicht gilt, durch logisches Schließen die einzelnen Positionen auseinander abzuleiten, sondern vielmehr ein in sich schlüssiges Modell richterlicher Rechtsfindung anzubieten. Es ist unter den Bedingungen der BRD eine Grundvoraussetzung demokratischer Herrschaft, daß die Richter — jedenfalls in bestimmten Grenzen — an

---

[9] So wird *Germann* zu verstehen sein, siehe oben FN 6.
[10] Ebenso auch *Boehmer*, Grundlagen der bürgerlichen Rechtsordnung, Bd. II/1, S. 186, der von einem „Streit um Worte" spricht.
[11] z. B. *Burmeister*, Die Verfassungsorientierung der Gesetzesauslegung, S. 59.
[12] Siehe unten Kap. 2, Abschnitt II 2 b; auch *H. P. Schneider*, Richterrecht, Gesetzesrecht und Verfassungsrecht, S. 19, FN 54, weist auf den Zusammenhang zwischen Aussagen über die Rechtsfindungsmethoden und dem zugrunde liegenden Gesetzesbegriff hin.

die gesetzgeberischen Entscheidungen in der Weise gebunden sein müssen, daß ihre Fallentscheidungen durch die Gesetze inhaltlich determiniert sind[13]. Denn anders als durch inhaltliche Determinierung der Einzelentscheidungen von Justiz und Verwaltung kann die unter den staatlichen Gewalten am meisten demokratisch legitimierte Gesetzgebung sich nicht durchsetzen[14]. Daher ist davon auszugehen, daß die Entscheidungen der Richter jedenfalls teilweise durch die Gesetze inhaltlich determiniert sein sollen. Es ist deshalb zweckmäßig, unter „Bindung an das Gesetz" inhaltliche Determinierung durch das Gesetz zu verstehen. Diese Terminologie wird hier zugrunde gelegt.

Damit ist zugleich festgesetzt, daß das bindende Gesetz der Gesetzessinn, die Bedeutung des Gesetzestextes ist[15].

II. Der Begriff der Gesetzesauslegung

Gesetzesauslegung ist Ermittlung des Gesetzessinns, des bindenden Gesetzes[16]. Nun hat die Definition der Gesetzesbindung als inhaltliche Festlegung der richterlichen Entscheidung Konsequenzen für den Begriff der Gesetzesauslegung: Das Ergebnis der Auslegung muß so beschaffen sein, daß es die richterliche Entscheidung inhaltlich determinieren kann. Also kann, ohne mit der Definition der Gesetzesbindung in Konflikt zu geraten, als Auslegung nur die richterliche Tätigkeit bezeichnet werden, die zu einer inhaltlichen Fremdbestimmung der richterlichen Entscheidung führt. Dieses — mit dem Begriff des bindenden Gesetzes mitgesetzte — Auslegungskriterium gibt die Möglichkeit, Art und systematische Einordnung der Fremdbestimmung der richterlichen Entscheidung so zu erörtern, wie dies traditionell geschieht: als ein Problem der Gesetzesauslegung.

1. Die Alternativen

Die Literatur über die richtige Art, die Gesetze auszulegen, ist so umfangreich, daß es weder möglich noch zweckmäßig ist, an dieser Stelle

---

[13] Hierzu und zum Zusammenhang von Demokratieprinzip und Gesetzesbindung: *Kriele*, Das Demokratische Prinzip im Grundgesetz, S. 63 f.; vgl. auch *Larenz*, Methodenlehre der Rechtswissenschaft, S. 298; *Engisch*, Einführung in das juristische Denken, S. 95; *Göldner*, Verfassungsprinzip und Privatrechtsnorm, S. 194 ff.; *Redeker*, NJW 1972, S. 409 ff.; Zum tatsächlichen Gesetzgebungsverfahren siehe *Ellwein*, Das Regierungssystem der BRD, S. 208 ff.

[14] Zum Begriff des Gesetzgebers vgl. unten S. 51.

[15] Siehe oben S. 32.

[16] Mit dieser Formel ist noch keine Entscheidung über streitige Auslegungsprobleme getroffen; vgl. *Mennicken*, Ziele der Gesetzesauslegung, S. 10.

II. Der Begriff der Gesetzesauslegung

den Streitstand ausführlich darzustellen. Als herrschend können die folgenden Auslegungsgrundsätze bezeichnet werden:

Das Auslegungsziel sei normativ zu bestimmen, wobei der „Wille des Gesetzgebers" und der „objektive Gesetzessinn" miteinander in Einklang zu bringen seien[17]. Die entscheidenden „Auslegungsmittel" oder „Auslegungskriterien" seien die grammatische, die logische, die historische und die teleologische Auslegung[18]. Diese Auslegungsmittel stünden in keinem zwingenden Rangverhältnis untereinander[19].

Diese drei Haupt-Sätze der herrschenden Auslegungslehre stehen untereinander in einem Zusammenhang: Der Spannung zwischen den Zielen: „historischer Gesetzessinn" und „objektiver Sinn" entspricht bei den Auslegungsmitteln die Unterscheidung zwischen historischer und teleologischer[20] Auslegung. Der Forderung, die Spannung im Einzelfall aufzulösen, entspricht die Feststellung, daß das Rangverhältnis der Auslegungsmittel untereinander erst im konkreten Fall bestimmt werden kann.

Diese Lehre wird einerseits kritisiert[21], von anderen mit dem Hinweis auf das Erfordernis sachgerechter Lösungen verteidigt[22], von dritten gleichsam resignierend anerkannt[23, 24]. In dieser Situation soll nicht ver-

---

[17] *Larenz*, Methodenlehre der Rechtswissenschaft, S. 300; *Bartholomeyczik*, Die Kunst der Gesetzesauslegung, S. 44 ff.; *Siebert*, Die Methode der Gesetzesauslegung, S. 46; *Sax*, Das strafrechtliche Analogieverbot, S. 65, *Enneccerus - Nipperdey*, BGB Allgemeiner Teil Bd. I, § 54 II i. v. m. § 56 III.

[18] Statt aller *Larenz*, a.a.O., S. 301 - 320; *Larenz* unterscheidet noch zwischen subjektiv- und objektiv-teleologischer Auslegung.

[19] *Larenz*, a.a.O., S. 320, 326; *Siebert*, a.a.O., S. 45; *Coing*, Die juristischen Auslegungsmethoden und die Lehren der allgemeinen Hermeneutik, S. 12; aus der Rechtsprechung vgl. BVerfGE 11, 126 (130); BGHZ 46, 72 (76); 49, 221 (223).

[20] In der Terminologie von *Larenz*: objektiv-teleologischer; vgl. oben FN 18.

[21] z. B. von *Kriele*, Theorie der Rechtsgewinnung, S. 25 f.; *Krawietz*, JuS 1970, S. 430.

[22] *Burmeister*, Die Verfassungsorientierung der Gesetzesauslegung, S. 53 f.

[23] *Engisch*, Einführung in das juristische Denken, S. 96; *E. E. Hirsch*, JZ 1961, S. 300 (die maßgebliche Stelle ist abgedruckt bei *Kriele*, a.a.O., S. 37 f.).

[24] Schwierig einzuordnen ist *F. Müller*, Normstruktur und Normativität. Zwar setzt sich *Müller* mehrfach von der „klassischen" Auslegungslehre ab (z. B. bei der Kritik der Rechtsprechung des Bundesverfassungsgerichts, S. 144 ff.), jedoch verstehe ich sein Modell eher als Präzisierung der herrschenden Auslegungslehre denn als Gegenvorschlag. *Müllers* Metapher von Normprogramm und Normbereich, die bei der Normkonkretisierung Brennpunkte einer „Ellipse" seien (S. 195 u. öfter), wobei der mögliche Wortsinn die „Grenze der Konkretisierung" bilde (S. 66 u. öfter; in *Müllers* Bild also den Umfang der Ellipse), verstehe ich so, daß historische und systematische Gesichtspunkte (Normprogramm) mit der sachlichen Angemessenheit der Regelung (objektiv-teleologische Gesichtspunkte, Normbereich) im Rahmen des möglichen Wortsinns zu vermitteln seien. Für dieses Verständnis spricht auch, daß *Müller* meint, die Möglichkeit eines „Bedeutungswandels" einer Norm bei unverändertem Text aufgrund veränderter Umstände unterscheide sein Rechtsfindungs-

sucht werden, zugunsten der einen oder anderen Auffassung die altbekannten Argumente neu zusammenzustellen. Ziel soll vielmehr zunächst nur eine terminologische Präzisierung und Entscheidung sein.

Zunächst ist festzustellen, daß zwischen der Lehre, nach welcher das Rangverhältnis der einzelnen Auslegungskriterien jeweils im konkreten Fall zu bestimmen sei, und der Lehre vom generellen Vorrang des objektiv-teleologischen Kriteriums inhaltlich kein Unterschied besteht. Das Entscheidungskriterium für die Bestimmung des Rangverhältnisses im konkreten Fall kann kein anderes sein als das der objektiv-teleologischen Auslegung: Die „Richtigkeit" des Ergebnisses nach heute maßgeblicher Anschauung[25].

Diese Position zeichnet sich dadurch aus, daß bereits im Rahmen der Gesetzesauslegung dafür gesorgt wird, daß der Gesetzesinhalt so beschaffen ist, daß die ihm entsprechenden Entscheidungen inhaltlich „richtig" sind. Nun ist es heute kaum noch bestritten, daß „richtige" Entscheidungen häufig der selbständig wertenden und schöpferischen richterlichen Tätigkeit bedürfen[26], also nicht völlig inhaltlich determiniert sein können. Die Richter sind für ihre Entscheidungen in dem Sinne verantwortlich, daß sie für grundsätzliche inhaltliche „Richtigkeit" zu sorgen haben[27].

Wenn „Auslegung" daher so definiert wird, daß sie zu einer inhaltlichen Fremdbestimmung der richterlichen Entscheidung führen, also Auffindung des „bindenden Gesetzes" sein soll, muß von ihr ein anderer

---

konzept von der herkömmlichen Auslegungslehre (a.a.O., S. 131 f.), während nach der herrschenden Lehre gerade der „Bedeutungswandel" ein Instrument der Durchsetzung objektiv-teleologischer Kriterien ist (siehe oben S. 32 und gerade auch die von *Müller* zitierten Entscheidungen des Bundesverfassungsgerichts). Dieses Verständnis wird gestützt durch die Ausführungen *Müllers* in: Juristische Methodik, S. 135 ff., wo er praktisch das herrschende Auslegungskonzept vorführt mit der kleinen Variante, daß der Wortauslegung eine besondere Bedeutung beigemessen wird.

[25] „Richtigkeit" steht als Kürzel für die ebenfalls wertausfüllungsbedürftigen Begriffe: „gerecht und vernünftig", die *Esser* verwendet (vgl. Vorverständnis und Methodenwahl bei der Rechtsfindung, S. 21 und öfter). Dieser Begriff hat nichts zu tun mit *Emges* „Richtschnur", die ein Oberbegriff zu „Sollen" und „Dürfen" ist (vgl. *Emge*, Erste Gedanken einer Richtigkeitslehre, § 1 V und VI). In ihm ist auch nicht die Behauptung eines objektiv „richtigen Rechts" enthalten (dazu *Henkel*, Einführung in die Rechtsphilosophie, S. 416 ff.). Zur Unterscheidung von Richtigkeit im Ergebnis und in der Begründung: vgl. *Engisch*, Wahrheit und Richtigkeit im juristischen Denken, S. 10 ff.

[26] Daß dies jedenfalls in den Bereichen der Fall ist, wo Generalklauseln oder Gesetzeslücken eine Entscheidung ohne eigene richterliche Wertungen gar nicht zulassen, wird heute wohl überhaupt nicht mehr bestritten.

[27] Dies ist eine grundsätzliche Wertung, die heute wohl weitgehend anerkannt wird. Sie liegt auch der herrschenden Meinung über das Rangverhältnis der Auslegungskriterien zugrunde. Selbst *Flume*, Richter und Recht, S. 20 ff., der eine sehr strenge Auffassung von richterlicher Gesetzesbindung hat, erkennt die „abändernde Rechtsfortbildung" unter gewissen Umständen an.

Bereich richterlicher Rechtsfindung geschieden werden, in dem nicht nach inhaltlicher Determinierung durch dieses Gesetz gesucht wird. Für den zweiten Bereich bietet sich, in Anknüpfung an die Tradition, der Begriff der Rechtsfortbildung an[28].

Damit stehen sich zwei zunächst nur terminologische Alternativen gegenüber: einerseits die hier empfohlene Trennung der Rechtsgewinnung in Ermittlung des bindenden Gesetzes und Rechtsfortbildung, nämlich Abweichung vom Gesetz aufgrund von außen herangetragener Wertungen[29], andererseits ein Auslegungsbegriff, der den gesamten Bereich richterlicher Rechtsfindung umfaßt[30, 31]. Da Begriffe wie „objektive" und „subjektive Theorie" dadurch vorbelastet sind, daß sie bereits Entscheidungen über Umfang und Grenzen des Bereichs selbständig wertender richterlicher Tätigkeit implizieren, soll hier trotz der Schwerfälligkeit der Formulierung das zweite Auslegungskonzept als „Lehre vom umfassenden Auslegungsbegriff" bezeichnet werden.

2. Kritik der Lehre vom umfassenden Auslegungsbegriff

a) Kritik der Behauptung, inhaltlich gebundene und selbständig wertende Rechtsfindung seien untrennbar

In der heutigen Diskussion ist das Hauptargument für einen die gesamte Rechtsgewinnung umfassenden Auslegungsbegriff die Auffassung, die Ermittlung des „bindenden Gesetzes" und die Gewinnung eines „richtigen" Ergebnisses könnten, auch wenn man dies wollte, gar nicht getrennt werden. Grund dafür sei der Umstand, daß ein Interpret auch dann, wenn er etwa nur den „historischen Sinn" eines Gesetzes erforschen wolle, sich „dem Zirkel hermeneutischer Vorgriffe" nicht entziehen

---

[28] Vgl. hierzu *Enneccerus - Nipperdey*, BGB Allgemeiner Teil Bd. I, § 54 II (S. 326), der auch darauf hinweist, daß eine Entscheidung in der terminologischen Frage noch keine Entscheidung hinsichtlich des Umfangs selbständiger Rechtsgewinnung bedeutet.

[29] Diese Formulierung bedeutet nicht, daß Regelungslücken und damit eine selbständige Rechtsfindung, die keine Abweichung vom Gesetz ist, geleugnet werden; jedoch geht es in dieser Arbeit um das spezielle Problem der richterlichen Rechtsfindung dort, wo keine Regelungslücken sind.

[30] Besonders deutlich *Mennicken*, Ziele der Gesetzesauslegung, S. 101, der konsequenterweise der Annahme von Gesetzeslücken den Sinn abspricht; ebenso schon *Esser*, Grundsatz und Norm, S. 260.

[31] Vom Problem des Gesetzeswortlauts wird zunächst abgesehen (dazu unten Kap. 2, Abschnitt II 4); deshalb wird die herrschende Terminologie, nach welcher im Rahmen des möglichen Wortsinns die Rechtsfindung nach „objektiv-teleologischen" Kriterien Auslegung, außerhalb dieses Rahmens Rechtsfortbildung ist (vgl. *Larenz*, Methodenlehre der Rechtswissenschaft, S. 342; BGHZ 46, 74 (76), hier der zweiten Alternative zugerechnet.

könne[32]. Die Norm könne nicht interpretiert werden ohne ein „Vorverständnis" vom „richtigen" Ergebnis[33].

Diese Argumentation beruht auf einer Bedeutungsvermischung bei Verwendung der Worte „hermeneutischer Zirkel" und „Vorverständnis". Es kann anerkannt werden, daß das „Verstehen" eines fremden Geistesprodukts nicht in der Weise möglich ist, daß ich in meinem Geiste ein genaues Abbild der Vorstellungen dessen schaffe, den ich verstehen will. Notwendigerweise muß ich meine durch meine persönliche Umwelt geprägten Denkstrukturen zugrunde legen[34]. Auf diese Weise ist jede Interpretation durch die Umstände des Interpreten persönlich gefärbt. Wenn ich daher einen Gesetzestext auslege, kann ich, auch wenn ich den „historischen Sinn"[35] feststellen will, nicht vermeiden, daß durch mich als Interpreten aktuelle Bezüge einfließen.

Für die juristische Interpretation von Gesetzen gilt nun eine Besonderheit. Anders als etwa die Interpretation historischer Urkunden, dient die Interpretation durch den Richter nicht in erster Linie der Erkenntnis. Sie ist vielmehr dazu bestimmt, die Entscheidung aktueller Rechtsfälle zu ermöglichen. Aus der Wertung, daß der Richter verantwortlich ist für die „Richtigkeit" seiner Entscheidungen in dem Sinne, daß die richterliche Tätigkeit zu einer gerechten und zweckmäßigen Sozialgestaltung beizutragen hat[36], folgt, daß der Richter sowohl die Gesetze anzuwenden hat als auch dafür zu sorgen hat, daß seine Entscheidungen „richtig" sind. Diese Beziehung zwischen Auslegung und Aktualität wird als spezifisch juristische Ausgestaltung des „hermeneutischen Zirkels" angesehen[37]. Die Grundlage dieses Verständnisses richterlicher Rechtsfindung formuliert *Esser*[38]: „Gemeinsamer Nenner bei Richter und ‚Umwelt' ist hier die Hypothese: daß die nach legitimer Verfahrensweise und in korrekter Anwendung juristischer Begriffsbildung und Logik gefundene Lösung ‚fair and reasonable', also gerecht und vernünftig sein ‚müsse', weil ja das anzuwendende Recht nicht Unvernünftiges und Ungerechtes verlangen ‚könne', vielmehr gerade jenes Verständnis seines ‚Inhalts' erwarte, das zu gerechten Lösungen führt." Kurz: Juristische Auslegung

---

[32] *Esser*, Vorverständnis und Methodenwahl bei der Rechtsfindung, S. 229 f.; *Mennicken*, Ziele der Gesetzesauslegung, S. 93 ff., 98 ff.

[33] *Esser*, a.a.O., S. 134 ff.; *Mennicken*, a.a.O.

[34] *Betti*, Allgemeine Auslegungslehre als Methodik der Geisteswissenschaften, S. 64 f., spricht vom „perspektivischen Charakter" der Auslegung.

[35] Dazu unten S. 43.

[36] Siehe oben S. 36.

[37] Grundlegend *Gadamer*, Wahrheit und Methode, S. 250 ff., speziell zur juristischen Hermeneutik, S. 307 ff.; *Esser*, Vorverständnis und Methodenwahl bei der Rechtsfindung, S. 129, S. 134 f.; *Mennicken*, Ziele der Gesetzesauslegung, S. 93 f., S. 95.

[38] a.a.O., S. 21.

bringt also entweder ein „gerechtes und vernünftiges" Ergebnis oder ist falsch[39].

Die Notwendigkeit dieser Identität von richtiger Auslegung und „richtiger" — im Sinne von gerecht und vernünftig — Entscheidung gilt es zu beweisen. Erst wenn die Notwendigkeit einer solchen Hypothese dargetan ist, ist der Tatbestand gegeben, dessen Vorstellung mit der Verwendung des Wortes „hermeneutischer Zirkel" assoziativ verbunden wird und der auch den eigentlichen Sinn dieses Wortes ausmacht: die Unentrinnbarkeit, mit der die subjektiven — aktuellen — Bezüge in die Auslegung einfließen.

Tatsächlich besteht jedoch ein Unterschied zwischen der subjektiven Bedingtheit des Verstehens fremder Geistesobjektivationen und dem Anspruch, daß jede Gesetzesauslegung heute „brauchbare"[40] Ergebnisse bringen muß[41]. Zwar handelt es sich in beiden Fällen um eine „Anpassung" an die Gegenwart und an die Person des Auslegenden, jedoch ist die subjektive Haltung des Interpreten verschieden. Die Beeinflussung des Auslegungsergebnisses durch meine Denkvoraussetzungen kann mir zwar als Tatbestand bewußt sein; sie geschieht aber unbewußt. Ich kann geradezu sagen, daß derartige Abhängigkeiten tendenziell insoweit ausschaltbar sind, als es gelingt, sie ins Bewußtsein zu rücken. Das ist ja das eigentliche Ziel historischen Verstehens[42].

Anders die Abhängigkeit von der Gegenwart, die in der Verantwortung für ein „richtiges" Ergebnis begründet ist. Auch hier können unbewußt Werthaltungen in die Auslegung einfließen[43]. Jedoch ist das nicht der von den Vertretern eines umfassenden Auslegungsbegriffs gemeinte Fall. Ihnen geht es darum, daß bewußt heutige Gerechtigkeits- und Zweckmäßigkeitsvorstellungen berücksichtigt werden. *Esser* will, daß die Wertungen redlich ausgedrückt und damit durchsichtig und offen kritisierbar werden[44]. Nach *Mennicken* „ist vom Richter zu verlangen, daß er sich in

---

[39] Ebenso bereits *Dölle*, Festschr. Nipperdey (1965) Bd. I, S. 23. Wenn sich diese Forderung nur auf die schließlich erfolgende richterliche Entscheidung bezöge, wäre ihr zuzustimmen; problematisch ist nur, daß sie dazu bestimmt ist, einen Begriff der Gesetzes*auslegung* zu begründen.

[40] *Esser*, Vorverständnis und Methodenwahl in der Rechtsfindung, S. 135; *Esser* ist sich dieses Unterschiedes durchaus bewußt; siehe a.a.O., S. 136.

[41] Vgl. auch die entsprechende Kritik von *Apel*, Szientistik, Hermeneutik, Ideologiekritik, S. 31 ff., mit dem Hinweis, daß Verstehen und Verantwortung für die Verbindlichkeit zweierlei sind. Vgl. die Unterscheidung *Bettis* zwischen Applikation und eigentlicher „Auslegung" in Hermeneutik als Weg moderner Wissenschaft, S. 19; zu diesem Unterschied bereits in: Das Problem der Kontinuität im Lichte der rechtshistorischen Auslegung, S. 10 ff.

[42] Vgl. *Bettis* canon der „Angleichung des Verstehens", Allgemeine Auslegungslehre als Methodik der Geisteswissenschaften, S. 229 ff.

[43] Dies wird sich sogar nie ganz vermeiden lassen; und insoweit fällt auch die Beeinflussung des Auslegungsergebnisses durch eigene Wertungen unter den obigen Begriff des hermeneutischen Zirkels.

[44] Vorverständnis und Methodenwahl in der Rechtsfindung, S. 33.

jedem Fall bewußt wird, daß *er* den Antagonismus der Werte auszugleichen hat, daß *er* das geltende Recht in jeder Entscheidung mit Hilfe nichtpositiver Maßstäbe selbst schafft"[45].

Wenn aber der Richter sich seiner eigenen Wertungen, die in die Auslegung einfließen sollen, bewußt ist, so ist es ihm auch möglich, bewußt dasselbe Gesetz wie ein Rechtshistoriker zu interpretieren, also den besonderen Aspekt, daß ihm das Gesetz Maxime zum Handeln sein soll, außer acht zu lassen. Dann ist auch eine Position nicht ausgeschlossen, die zunächst nach bestimmten Kriterien einen Gesetzessinn ermittelt[46], um dann zu prüfen, ob es nach heutigen „Richtigkeitskriterien" zu verantworten ist, gemäß dem — etwa historischen — Gesetzessinn zu entscheiden[47]. Dagegen wendet sich *Esser* zwar mit der Begründung, die Überzeugungselemente lägen „auf einer Ebene"; jedoch basiert dieser Satz wieder auf der „Hypothese", daß bereits bei der Auslegung davon auszugehen sei, daß das Gesetz eine „richtige" Entscheidung ermögliche[48]. Diese „Hypothese" ist aber zu einer Begründung des umfassenden Auslegungsbegriffs nicht geeignet, da sie nichts anderes ist als eine andere Formulierung desselben.

Somit kann nicht die Rede davon sein, daß die Gerechtigkeits- und Vernünftigkeitsvorstellungen der Gegenwart notwendig in die Gesetzesauslegung einfließen[49]. Es besteht daher ein grundsätzlicher Unterschied zwischen der historischen Bedingtheit des Verstehens und der bewußten Anpassung der richterlichen Entscheidung an aktuelle Wertvorstellungen, ein Unterschied, der durch die Verwendung der Metapher vom hermeneutischen Zirkel für beide Probleme verwischt wird.

b) *Rechtspolitische Kritik des umfassenden Auslegungsbegriffs*

Die praktische Funktion des umfassenden Auslegungsbegriffs wird deutlich, wenn man sich den ihm entsprechenden Gesetzesbegriff ver-

---

[45] Die Ziele der Gesetzesauslegung, S. 90.

[46] Wobei der hermeneutische Zirkel des historischen Verstehens eine Rolle spielen mag.

[47] Das ist nicht etwa ein neuer Weg. Vgl. bereits die Formulierung *Hecks*, die sachliche Angemessenheit einer Entscheidung könne „Anlaß bieten zur Ergänzung oder Modifikation eines gesetzlichen Gebots". (*Heck*, Gesetzesauslegung und Interessenjurisprudenz, S. 89); ähnlich auch die aus der Interessenjurisprudenz entwickelte „progressive Rechtsfindung", nach der sich an die historische Interpretation andere Auslegungsstufen anknüpfen; vgl. dazu *Liver*, Der Wille des Gesetzes, S. 29; *Bender*, JZ 1957, S. 597 ff.; *Zimmermann*, NJW 1956, S. 1263; derselbe Goltd. Arch. Bd. 55, S. 341 f.; vgl. auch *Naucke*, Der Nutzen der subjektiven Methode im Strafrecht, S. 280 ff., insbes. S. 284.

[48] Siehe oben S. 38 f.

[49] Mit Ausnahme der unbewußten; siehe oben S. 39.

II. Der Begriff der Gesetzesauslegung

gegenwärtigt. Nach Esser bildet das durch richterliche Wertungen entwickelte Richterrecht „Teile des ‚Gesetzes', die in vielen Fällen zusätzlich (und nicht nur lückenfüllend im hergebrachten Sinne) den Normbestand erweitern, in den meisten Fällen jedoch integrierender Bestandteil der im Gesetzestext formulierten Norm sind"[50]. *Mennicken* formuliert: „Ziel der Gesetzesauslegung ist ein solches Normverständnis, das die im Einzelfall richtige Entscheidung ermöglicht[51]." Verkürzt kann man diesen Gesetzesbegriff mit der Formel: Gesetz = vom Richter „richtig" praktiziertes Recht beschreiben[52]. Diese Formel zeigt, daß es nach dem Gesetzesbegriff der „umfassenden Auslegung" keinen Gegensatz zwischen „Gesetz" und „richtiger" richterlichen Entscheidung geben kann[53].

Nun könnte man meinen, daß es sich hier nur um ein terminologisches Problem handelt, da mit einem engen Auslegungsbegriff noch nichts über die Zulässigkeit von Rechtsfortbildung außerhalb des Auslegungsbereichs gesagt ist. Jedoch ist Terminologie nicht wertfrei[54]. Mit dem Begriff der Gesetzesauslegung ist emotional verbunden, daß das Auslegungsergebnis, der Sinn des Gesetzes, durch die Verbindlichkeit des Gesetzes legitimiert ist[55]. Diese legitimierende Wirkung wird übertragen auf die richterlichen Entscheidungen, die ja selbst das „Gesetz" bilden. Dadurch wird bewirkt, daß die Richter ihre Entscheidungen nicht als eigene Wertungen rechtfertigen müssen, sondern sie als Teil des objektiven Rechts darstellen können[56]. Die praktische Funktion des umfassenden Auslegungsbegriffs wird von *Burmeister*[57] angesprochen. Er meint, dadurch, daß die jeweils erforderlichen Entscheidungen den Norminhalt bestimmen, würden die

---

[50] *Esser*, Vorverständnis und Methodenwahl in der Rechtsfindung, S. 194.

[51] *Mennicken*, Ziele der Gesetzesauslegung, S. 106.

[52] Dieser Gesetzesbegriff folgt auch aus den Auslegungskriterien der in FN 19 genannten Autoren.

[53] Präzise formuliert *Esser* diese Konsequenz in Festschr. F. v. Hippel, S. 113: „Der Richter ... ist ... frei und nur dem Gesetz unterworfen — das Gesetz aber ist das, was er selbst darunter pflichtgemäß versteht." Daß der Richter auch über die Pflichtgemäßheit selbst zu befinden hat, versteht sich. Vgl. hierzu das Meistersängerzitat bei *Scheuerle*, AcP 167, S. 311.

[54] Vgl. *Perelman*, Über die Gerechtigkeit, S. 11: „Jede Definition eines affektiv stark gefärbten Begriffs überträgt diese affektive Färbung auf den begrifflichen Sinn, den ihr zuzumessen man sich entschließt."

[55] Dies nimmt *Esser* auch ausdrücklich für sein „Gesetz" in Anspruch, wenn er (Vorverständnis und Methodenwahl bei der Rechtsfindung, S. 194) formuliert: „Die Bindung des Richters an dieses Regelungsmodell wird dadurch nicht aufgehoben, daß die ‚fertige Norm' von ihm selbst hergestellt wird."

[56] Vgl. die Beurteilung *Geigers*, Vorstudien zu einer Soziologie des Rechts, S. 203: „Die Juristensprache verbirgt und dissimuliert durch Berufung auf angeblich objektive Maßstäbe soweit wie irgend möglich die rechtsschöpferische Tätigkeit des Richters. Er will das für den Fall geltende Recht lieber finden als erfinden."

[57] Die Verfassungsorientierung der Gesetzesauslegung, S. 59 f.

„Forderungen nach Rechtssicherheit (Bestandskraft und Kontinuität des Gesetzes) und Gerechtigkeit (Identität von Gesetzmäßigkeit und Rechtmäßigkeit) in Einklang" gebracht. Interessant ist *Burmeisters* Begriff von Rechtssicherheit. Wer Rechtssicherheit als „Bestandskraft und Kontinuität des Gesetzes" expliziert, wird wohl zunächst so verstanden werden, daß Bestandskraft und Kontinuität der Normeninhalte gemeint seien. Das kann Burmeister aber nicht gemeint haben, denn die Normeninhalte sollen ja gerade wandelbar sein. Was gemeint ist, zeigt der Hinweis auf die „Ordnungs- und Friedensfunktion des Rechts", welche die Rechtssicherheit garantieren soll: Solange die sich wandelnden Entscheidungen der Richter als dem Gesetz entsprechend behauptet werden können, wird es kaum störende Fragen nach der Legitimation der Entscheidungen geben[58, 59].

3. Der enge Auslegungsbegriff

Wenn der Begriff der Gesetzesauslegung beschränkt wird auf die Ermittlung der dem Richter vorgegebenen Normeninhalte, entspricht er dem emotionalen Gehalt des Wortes: Die auf der Anerkennung der Verbindlichkeit beruhende Legitimationswirkung des Gesetzes fällt nicht den eigenen richterlichen Wertungen zu. Der Richter wird gezwungen, in seinen Entscheidungsgründen darzulegen, wo er die vorgegebenen Regelungen annimmt, wo er mangels gegebener Regelungen eigene setzt und wo er unbrauchbaren Regelungen eigene entgegensetzt[60].

Wenn von einem dem Richter vorgegebenen Regelungsgehalt die Rede ist, so kann es sich nur um die gesetzgeberische Entscheidung handeln. Aus der Legitimation des Gesetzgebers war die Forderung abgeleitet worden, daß die Gerichte überhaupt — jedenfalls teilweise — durch die Gesetze inhaltlich gebunden sind. Der Inhalt seiner Entscheidung muß daher auch der maßgebliche Gesetzesinhalt sein.

---

[58] Typisch für die Verschüttung des Legitimationsproblems *H. J. Hirsch*, Richterrecht und Gesetzesrecht, JR 1966, S. 338: Richterrecht (= Schöpfung positiven Rechts durch den Richter unter Überschreitung der Grenzen der Auslegung, vgl. S. 334) sei unzulässig; es sei aber auch nicht erforderlich, denn mithilfe der objektiven Auslegung könne der Richter weitgehend jeweiligen Zeiterfordernissen gerecht werden und bleibe doch Interpret. Da nützt auch die programmatische Forderung: „Zurück zum Gesetz!" (S. 342) nichts.

[59] Dieser praktische Zweck ist nicht etwa neu; vgl. bereits die Empfehlung *Wüstendörfers* in AcP 110, S. 353, den Schein der Auslegung zu wahren.

[60] Selbstverständlich können derartige Aussagen immer nur tendenziell richtig sein. Fließende Grenzen zwischen Auslegung und Rechtsfortbildung, Unsicherheit, ob ein bestimmter Regelungsgehalt vorgegeben ist, bewußt verschleiernde Argumentation lassen sich nie gänzlich ausschließen; hier kann jedoch dann eine Detailkritik ansetzen, der nach dem umfassenden Auslegungsbegriff jede Basis fehlt. Vgl. zu dieser Einschränkung auch *Kriele*, Theorie der Rechtsgewinnung, S. 209.

II. Der Begriff der Gesetzesauslegung

Auf die Argumente, die die Unmöglichkeit, eine gesetzgeberische Entscheidung zu ermitteln, beweisen sollen, insbesondere auf das von *Heck* so genannte „Willensargument"[61], soll hier nicht weiter eingegangen werden. Auch und gerade beim parlamentarischen Gesetzgeber mit seinen Ausschüssen und Unterausschüssen und der Flut von Gesetzesmaterialien, die er erzeugt, ist es in aller Regel möglich, das zu erkennen, was in einer Formulierung von *Esser*[62], „aus den Gesetzesmaterialien erkenntlich, die konkrete politische Tendenz der Interessenschlichtung in der gegebenen Situation gewesen" ist[63].

Auch die übrigen Argumente gegen die Anerkennung der gesetzgeberischen Entscheidung als Gesetzesbedeutung, die sich nicht gegen die Möglichkeit einer derartigen Konzeption, sondern gegen deren Zulässigkeit oder Zweckmäßigkeit richten, sind als „Form-", „Vertrauens-" und „Ergänzungsargument" von *Heck* behandelt worden[64]. Problematisch ist allerdings, ob nach dem hier vertretenen Konzept die von *Heck* so genannte „Gebotsberichtigung"[65], d. h. die Abweichung von erkennbaren gesetzgeberischen Gebotsvorstellungen mit dem Ziel, die gesetzgeberische Interessenbewertung richtiger auf den Rechtsfall anzuwenden, als es bei Beachtung der Gebotsvorstellung möglich wäre[66], als Gesetzesauslegung und damit die um gesetzgeberische Motivirrtümer bereinigte Norm als „Gesetz" anzusehen ist. Es ist nicht zu bezweifeln, daß an dieser Stelle ebenso „verschleierte Rechtsfortbildung" möglich ist wie bei der Verwendung des umfassenden Gesetzesbegriffs[67]. Jedoch ist hier — anders als bei dem Einbringen eigener Wertungen in den Gesetzesinhalt — eine Kritik möglich, die die Berechtigung der Wertungen außer acht läßt. Wer eine gesetzgeberische Gebotsvorstellung mit der Begründung korrigiert, sie widerspreche den eigenen Wertungen des Gesetzgebers, kann durch Rückgriff auf die feststellbaren Interessenbewertungen widerlegt werden. Wer hingegen einen bestimmten Gesetzesinhalt behauptet mit der Begründung, nur so lasse sich ein gerechtes und vernünftiges Ergebnis erreichen, kann, sofern ihm nicht immanente Wertungswidersprüche nachweisbar sind, nur wegen abzulehnender Wertungen bekämpft wer-

---

[61] *Heck*, Gesetzesauslegung und Interessenjurisprudenz, S. 77, 80.
[62] *Esser*, Werte und Wertewandel in der Gesetzesanwendung des Zivilrechts, S. 6 ff.
[63] Zum Begriff des Gesetzgebers vgl. auch *Uwe Krüger*, Der Adressat des Rechtsgesetzes, S. 13 f.
[64] *Heck*, Gesetzesauslegung und Interessenjurisprudenz, S. 80 ff.
[65] Ebd., S. 138 ff.
[66] Die Formulierung vom „denkenden Gehorsam" (*Heck*, a.a.O., S. 69) ist für diese Haltung berühmt geworden.
[67] Vgl. *Kriele*, Theorie der Rechtsgewinnung, S. 209 f.

den[68]. Wegen dieses Unterschiedes erscheint es gerechtfertigt, trotz der damit verbundenen Unschärfe der Abgrenzung zur „eigentlichen" Rechtsfortbildung die Beseitigung von gesetzgeberischen Motivirrtümern noch zur Gesetzesauslegung zu zählen.

4. Die Funktion des Wortlautes

Das eigentliche Auslegungsziel ist die gesetzgeberische Entscheidung. Darum ist eine Funktion des Wortlauts, damit ist hier gemeint: der übliche Sinn eines Textes, offensichtlich. Da der Gesetzgeber seine Entscheidung bekanntmachen will, benutzt er die Worte regelmäßig in ihrem alltagssprachlichen oder einem aus dem Kontext erkennbaren fachsprachlichen Sinn. Damit hat dieser Sinn die Vermutung für sich, daß er der Entscheidung des Gesetzgebers entspricht, also der gesuchte Gesetzessinn ist.

Es fragt sich, ob man dem Wortsinn auch eine konstitutive Bedeutung zubilligen sollte als Grenze möglicher Auslegung. Dies tut die sogenannte „Andeutungstheorie", die die gesetzgeberischen Vorstellungen und Zwecke nur dann berücksichtigen will, wenn sie jedenfalls andeutungsweise im Gesetzestext einen Ausdruck gefunden haben[69]. Auch die Auffassung, wonach der mögliche Wortsinn die Grenze der Auslegung bilde[70], billigt dem Wortlaut mehr als heuristische Bedeutung zu. Da zu diesem Problem eine umfangreiche Literatur mit überzeugenden Argumenten vorliegt[71], genügt es hier, im wesentlichen die Ergebnisse darzustellen.

Zunächst ist auf die unterschiedliche Terminologie zu achten. Wo zwar der mögliche Wortsinn als Grenze der Auslegung bezeichnet wird, wo aber jenseits des Wortsinns die Rechtsfortbildung nach den gleichen Kriterien erfolgt wie im Rahmen desselben die Auslegung[72], hat der mögliche Wortlaut — abgesehen vom strafrechtlichen Analogieverbot[73] —

---

[68] Dabei soll nicht gesagt werden, eine rationale Diskussion dieser Wertungen sei nicht möglich. Auf der Grundlage von Erörterungen der Konsequenzen von Entscheidungen ist es möglich, Wertungsgegensätze in gemeinsam anerkannten vorrangigen Wertungen aufzuheben (vgl. *Kriele*, Theorie der Rechtsgewinnung, S. 182 ff.), jedoch besteht ein Unterschied zwischen dieser „rechtspolitischen" Diskussion und der juristischen, ob die Wertungen des Gesetzgebers beachtet wurden oder nicht.

[69] z. B. *Enneccerus - Nipperdey*, Allgemeiner Teil des Bürgerlichen Rechts, § 54 II; BVerfGE 11, 126 (130).

[70] z. B. BGHZ 46, 74 (76); anders BGHZ 33, 1 (6).

[71] *Heck*, Gesetzesauslegung und Interessenjurisprudenz, S. 94 ff. (§§ 12 und 13); *Zimmermann*, NJW 1956, S. 1262 ff.; Goltd. Arch. Bd. 55, S. 338 ff.; *Sax*, Das strafrechtliche Analogieverbot, S. 79 ff.; *Liver*, Der Wille des Gesetzes, S. 21 ff.

[72] So ausdrücklich *Larenz*, Methodenlehre der Rechtswissenschaft, S. 342.

[73] Dieses Problem soll hier eingeklammert werden; vgl. dazu allerdings *Sax*,

keine konstitutive Bedeutung: Innerhalb des möglichen Wortsinns geschieht die Rechtfertigung der richterlichen Entscheidung auf die gleiche Weise wie außerhalb desselben.

Gegen die Andeutungstheorie, von *Heck* „Ausdruckstheorie" genannt[74], hat dieser bereits eingewandt, daß dann, wenn man als Ziel der Auslegung und damit als Sinn des Gesetzes die Entscheidung des Gesetzgebers anerkennt, es ein Verzicht auf Erkenntnismöglichkeiten ist, eine erkennbare gesetzgeberische Wertung nur deshalb nicht zu berücksichtigen, weil der Gesetzgeber nicht den adäquaten sprachlichen Ausdruck gefunden hat[75]. Dasselbe läßt sich auch gegen den „möglichen Wortsinn" als Grenze der Auslegung sagen[76]. Noch genereller läßt sich aber gegen die Auffassungen, daß der Wortsinn eine das Auslegungsziel mitkonstituierende Bedeutung habe, einwenden, daß es hierfür keinen vernünftigen rechtspolitischen Grund gibt. Die Bindung an die gesetzgeberische Entscheidung ist dadurch zu rechtfertigen, daß der parlamentarische Gesetzgeber eher eine Legitimation besitzt, Diskussionen durch Entscheidungen abzubrechen, als die Richter[77]. Eine entsprechende Rechtfertigung für die Bindung an den möglichen Wortsinn ist nicht auffindbar. „Möglicher Wortsinn" ist, wenn man auf den Gedankeninhalt abstellt[78]: die Summe aller Normhypothesen, die sich nach dem üblichen oder einem speziellen Sprachgebrauch ohne Verletzung sprachlicher Regeln mit dem Text vereinbaren lassen. Welchen Sinn kann es haben, eine Gruppe der möglichen Gesetzesbedeutungen zu konstituieren, die nur zufälligen, willkürlichen Charakter haben kann[79] und die sich aus Gründen, die mit der gesetzlichen Regelung nichts zu tun haben, im Laufe der Zeit wandeln kann[80]? Daß das Formargument in Wirklichkeit gar kein Argument, sondern eine schlichte Behauptung ist, wurde von *Heck* dargelegt[81], das Ver-

---

Das strafrechtliche Analogieverbot, S. 152 ff.; *Hassemer*, Tatbestand und Typus, S. 160 ff.

[74] *Heck*, Gesetzesauslegung und Interessenjurisprudenz, S. 94.

[75] Ebd., S. 100; dies ist selbstverständlich kein logisch zwingendes Argument, da logisch nichts dagegen spricht, das Auslegungsziel so zu definieren, daß es im Rahmen des möglichen Wortsinns liegen muß.

[76] Bei sog. „Redaktionsversehen" ist das auch nicht bestritten; dazu *Enneccerus - Nipperdey*, Allgemeiner Teil des Bürgerlichen Rechts, § 52 II.

[77] Siehe oben S. 33 f., 42.

[78] Das „Gesetz" wurde der gedankliche Regelungsgehalt genannt; siehe oben S. 32, 34.

[79] Vgl. das Beispiel bei *Liver*, Der Wille des Gesetzes, S. 21 f.

[80] Vgl. BGHZ 46, 74 (78), wo der BGH feststellt, daß sich der mögliche Wortsinn des Worts „Verlag" im Laufe der Zeit vom Vertrieb von Druckerzeugnissen auch auf den Vertrieb von Bier ausgeweitet hat.

[81] *Heck*, Gesetzesauslegung und Interessenjurisprudenz, S. 81 f.

trauensargument kann angesichts der Weite und Unbestimmbarkeit des „möglichen Wortsinns"[82] nicht ernsthaft aufrechterhalten werden[83].

Daher kann dem Wortlaut keine andere Funktion als die eines Erkennungsmittels für die Entscheidung des Gesetzgebers zugebilligt werden.

5. Ergebnis

Nach dem hier zugrunde gelegten Auslegungsbegriff ist Gesetzesauslegung die Ermittlung gesetzgeberischer Gebotsvorstellungen, korrigiert anhand der gesetzgeberischen Wertungen, sofern die Gebotsvorstellungen den eigenen Wertungen des Gesetzgebers nicht entsprechen.

Einen Ausschluß von Erkenntnismitteln gibt es nicht. Der Wortlaut ist zwar das wichtigste Erkenntnismittel, kann aber widerlegt werden.

Mit dieser Feststellung der Auslegungsmethode ist zugleich der Gesetzesbegriff festgelegt, da sich Auslegungsmethode und Auslegungsziel, das Gesetz[84], in dem Sinne entsprechen, daß sie durch einander definierbar sind.

---

[82] Dazu auch *Sax*, Das strafrechtliche Analogieverbot, S. 80.
[83] Zum Vertrauensargument *Heck*, a.a.O., S. 82.
[84] Siehe oben S. 34.

Drittes Kapitel

Abweichung vom Gesetz

Im Folgenden soll untersucht werden, inwieweit von dem Grundsatz, daß die Gesetze verbindlich sind, abzuweichen ist. Dabei geht es nicht darum, neue, von der trotz unterschiedlicher Terminologie im Ergebnis weithin übereinstimmenden Lehre und Praxis abweichende Ergebnisse vorzuschlagen. Vielmehr ist vor allem die Konsequenz aus den oben entwickelten Begriffen von Verbindlichkeit und Gesetz zu ziehen. Außerdem soll durch Bildung von Fallgruppen eine differenzierte Behandlung des Problems der Bindung an die Gesetze ermöglicht werden.

I. Die Verbindlichkeit der Gesetze und die „Richtigkeit" der Entscheidung

Oben[1] war bereits darauf hingewiesen worden, daß die Entscheidung für einen Gesetzesbegriff, der nur den dem Richter vorgegebenen Regelungsgehalt enthält, nicht bedeutet, daß die richterliche Entscheidung notwendig inhaltlich determiniert sein muß. Von dem Entscheidungszwang auch in den Fällen, in denen eine vorgegebene Regelung nicht vorhanden oder nicht erkennbar ist, ganz abgesehen, können die Gesetze den Richtern ihre Verantwortung für ihr Handeln nicht abnehmen. Daraus, daß Verbindlichkeit keine objektive, den Gesetzen anhaftende Qualität ist, sondern eine Haltung der Menschen zu den Gesetzen[2], folgt, daß die Einnahme dieser Haltung zu rechtfertigen ist.

Hierbei ist Ausgangsbasis der Erörterung, daß eine Haltung, nach der die gesetzgeberischen Entscheidungen auf jeden Fall verbindlich sind, nicht akzeptabel ist. Der Richter muß sich nach der „Gerechtigkeit und Vernünftigkeit"[3] der von ihm zu treffenden Entscheidung fragen, ohne daß er sicher sein kann, daß die gesetzgeberische Entscheidung in allen Fällen ein derartiges Ergebnis gewährleistet[4].

---

[1] Siehe oben S. 33.
[2] Siehe oben S. 29 f.
[3] *Esser*, Vorverständnis und Mevthodenwahl in der Rechtsfindung, S. 21.
[4] Aus praktischen Gründen ist es nicht erforderlich, diese Wertung zu rechtfertigen, da sie weitgehend unbestritten ist, siehe oben S. 36. Allerdings könnte *Kriele*, Theorie der Rechtsgewinnung, S. 195, anders zu verstehen sein, weil er sagt, daß „die Entscheidungen der rechtssetzenden Gewalt für den Juristen

Die in der Frage nach der Rechtfertigung der Verbindlichkeit zum Ausdruck kommende Spannung zwischen dem Vorrang des Gesetzgebers auf der einen und der inhaltlichen „Richtigkeit" der Entscheidung auf der anderen Seite spricht die herrschende Methodenlehre korrekt an, wenn sie sagt, daß nur im konkreten Fall entschieden werden könne, ob die historische oder die objektiv-teleologische Auslegung letztlich entscheidend sei[5]. Nur beginnt hier erst das Problem, nach welchen Kriterien diese Entscheidung zu treffen ist. Wenn die Richter diese Auswahl zwischen den sogenannten „Auslegungsmethoden" nicht systematisch nach generellen Kriterien treffen, so ist ihre Entscheidung letztlich ohne Methode getroffen, wilkürlich[6].

II. „Gesetz und Recht", Art. 20 III GG

Das Problem der Bindung der Richter an die Gesetze ist in Art. 20 III und 97 I GG angesprochen. Es ist aber nicht möglich, aus diesen Verfassungsbestimmungen abzuleiten, unter welchen Umständen die Richter von Gesetzen abweichen dürfen. Denn die Frage nach der Zulässigkeit von Abweichungen vom Gesetz steht im Zusammenhang mit dem verwendeten Gesetzesbegriff. Wer z. B. das Gesetz als den Norminhalt definiert, der das im Einzelfall richtige Ergebnis ermöglicht[7], braucht sich über das Problem der Zulässigkeit von Abweichungen vom Gesetz keine Gedanken zu machen[8]. Da das Grundgesetz nicht festgelegt hat, was unter „Gesetz" zu verstehen ist[9], ist der Inhalt der Art. 20 III und 97 I GG weitgehend ins Belieben des Interpreten gestellt[10].

---

strikt verbindlich seien"; vgl. auch S. 64, S. 314. Jedoch ist diese These *Krieles* im Zusammenhang mit dem „Zurückweichen" seiner Theorie von „den gängigen rechtsphilosophischen Fragen" zu sehen (S. 167 ff.), nämlich damit, daß er davon ausgeht, daß das gesetzte Recht „im großen und ganzen" rechtfertigbar ist, und im Zusammenhang mit seiner These, daß ein Text „nur richtig interpretiert werden kann, wenn ihm die Intention der Vernünftigkeit und Unparteilichkeit (zu Recht oder Unrecht) unterstellt wird". Zu der These siehe oben Kap. 2, Abschnitt II 2.

[5] Siehe oben S. 35.

[6] Vgl. die Formulierung von *E. E. Hirsch*, JZ 61, S. 300, vom „fast zynisch anmutenden Nebeneinander" von Urteilen, die jeweils andere Kriterien für maßgeblich erklären; dazu auch *derselbe*, Vorrede zu: Papaconstandinou, Schutz des ausübenden Künstlers.

[7] Vgl. oben Kap. 2 FN 51.

[8] Siehe dazu *H. J. Hirsch*, oben Kap. 2, FN 58.

[9] Darauf, ob der Begriff „Gesetz" in Art. 20 III und Art. 97 I GG verschiedene Bedeutungen hat, wird hier nicht eingegangen; vgl. dazu *Maihofer*, Die Bindung des Richters an Gesetz und Recht, S. 6 ff.

[10] Daß auch eine Präzisierung des Gesetzesbegriffs durch den Gesetzgeber selbst keine Sicherheit bietet, daß dieser der Auslegung zugrunde gelegt wird, zeigt der Auslegungsstreit um den Begriff der „intenzione del legislatore" in Art. 12 der Einleitungsartikel zum italienischen Codice Civile; vgl. dazu *Liver*, Der Wille des Gesetzes, S. 7 f.

II. „Gesetz und Recht"

Jedoch wird hier als „Gesetz" die gesetzgeberische Entscheidung verstanden, eine Definition, die auch für das Grundgesetz gilt. Deshalb kann unter Umständen die historische Auslegung des Grundgesetzes einen Anhaltspunkt für das Verhältnis von Richter und Gesetzgeber geben[11]. Allerdings wird aufgrund der Art und Weise, wie das Grundgesetz zustande gekommen und in Kraft gesetzt worden ist, die Feststellung der gesetzgeberischen Entscheidung auf besondere Schwierigkeiten stoßen[12].

Die Entstehungsgeschichte der Formel „Gesetz und Recht" in Art. 20 III GG ist von *Maihofer* detailliert nachgezeichnet worden[13]. Daraus ergibt sich, daß der Grundsatzausschuß des Parlamentarischen Rats die Formulierung „Gesetz und Recht" nicht etwa aus Versehen gewählt hat, sondern diese auf Vorschlag des Allgemeinen Redaktionsausschusses anstelle der zunächst vorgesehenen Formel: „Rechtsprechung und Verwaltung stehen unter dem Gesetz" übernommen hat. Aus der knappen Diskussion, die die Materialien zu der Frage der Formulierungen wiedergeben[14], wird deutlich, daß es den Abgeordneten darum ging, ob und auf welcher weltanschaulichen Grundlage eine Formel gewählt werden sollte, die eine Absage an den Gesetzespositivismus enthielt[15].

Im Zusammenhang mit dieser speziellen Frage der Formulierung von Art. 20 III GG ist die generelle Tendenz der Mehrheit des Parlamentarischen Rats von Bedeutung, eine metaphysische Anbindung des Grundgesetzes in der Präambel auszusprechen. Diese naturrechtliche Komponente ist im Rahmen der historischen Auslegung insoweit relevant, als sie tendenziell gegen den Gesetzespositivismus gerichtet war[16].

Insgesamt kann daher bei aller Vorsicht gesagt werden, daß im Parlamentarischen Rat die Tendenz vorherrschte, die Richter nicht absolut an die gesetzgeberischen Entscheidungen zu binden, und daß diese Tendenz ihren Ausdruck in der Formulierung „Gesetz und Recht" in Art. 20 III GG gefunden hat. Daher ist es gerade bei der Bedeutung, die die historische Auslegung nach dem hier vorgetragenen Rechtsfindungskon-

---

[11] Nicht etwa in dem Sinne, daß die grundsätzliche Verbindlichkeit der gesetzgeberischen Entscheidung aus dem Grundgesetz ableitbar wäre; zur Unmöglichkeit solcher Versuche vgl. *Kriele*, Theorie der Rechtsgewinnung, S. 35; *Meyer-Ladewig*, AcP 161, S. 98 m. w. N. Wohl aber in dem Sinne, daß die Entscheidung für bestimmte Kriterien konsequenterweise auch für die Auslegung des Grundgesetzes gelten muß.

[12] Zur Lückenhaftigkeit der Materialien vgl. *Pfeiffer*. JöR Bd. 1 NF, S. VII f.; zum Zustandekommen des GG vgl. auch *Sörgel*, Konsensus und Interesse.

[13] Die Bindung des Richters an Gesetz und Recht, S. 10 ff.

[14] JöR Bd. 1 NF, S. 200.

[15] Vgl. auch *Maihofer*, a.a.O., S. 11.

[16] Vgl. insbesondere die Rede des Abgeordneten *Süsterhenn* (Parlamentarischre Rat, Stenogr. Bericht, S. 20 f.), der wohl am deutlichsten diese antipositivistische Tendenz verkörperte.

zept hat, gerechtfertigt, die in Art. 20 III GG ausgesprochene doppelte Bindung der Rechtsprechung als Ausdruck der Spannung zwischen Bindung an die gesetzgeberische Entscheidung und Verantwortlichkeit für die „Richtigkeit" des Richterspruchs zu verstehen[17].

III. Fälle der Abweichung vom Gesetz

Die Fälle der Abweichung vom Gesetz lassen sich nach ihrem Rechtfertigungsgrund einteilen. Praktisch gibt es drei Rechtfertigungsmöglichkeiten: Rückführung der Abweichung auf ein anderes Gesetz, Rückführung auf gesellschaftliche Anschauungen und direkte Rechtfertigung der Abweichung mit materialen Argumenten, was auch als Rückführung auf die eigenen Richtigkeitsvorstellungen des Richters bezeichnet werden kann.

Dieser Klassifizierung der Abweichungsmöglichkeiten soll auch die Darstellung des Versuchs folgen, ein dogmatisches[18] Konzept der Abweichung vom Gesetz zu gewinnen.

1. Abweichung mit Rücksicht auf ein anderes Gesetz

Bei der Frage der Abweichung vom Gesetz aufgrund eines anderen Gesetzes ist die Abgrenzung zur Auslegung problematisch. Es ist genau der Auslegungsbegriff und der durch ihn konstituierte Gesetzesbegriff zu beachten. Nach dem oben entwickelten Auslegungsbegriff ist „Gesetz" die Entscheidungsrichtlinie, die sich aus den Vorstellungen und Wertungen des erlassenen Gesetzgebers ergibt. Deshalb ist die Harmonisierung von Widersprüchen, die darauf beruhen, daß der Gesetzgeber verschiedene tendenziell konträre Wertungen getroffen hat, auch dann Auslegung und nicht Abweichung vom Gesetz, wenn die eine Wertung sich in einer Bestimmung des Gesetzestextes niedergeschlagen hat und die andere in einer anderen[19].

---

[17] Ebenso auch, wenn auch in anderer Terminologie *v. Mangoldt - Klein*, Kommentar zum Bonner Grundgesetz, Art. 20, Anm. VI 4 f (S. 603); dort wird auch auf die Entstehungsgeschichte der Bestimmung verwiesen, was eine gewisse Bedeutung hat, weil *v. Mangoldt* als Mitglied des Parlamentarischen Rats an der Diskussion über diese Formel teilgenommen hat (vgl. *Maihofer*, Die Bindung des Richters an Gesetz und Recht, S. 11 f.).

[18] Zum Dogmatikbegriff s. o. S. 21; es geht hier um die Ausarbeitung einer Empfehlung, die den Anspruch erhebt, geeignete Richtschnur für richterliches Handeln zu sein.

[19] Sofern allerdings nicht ermittelt werden kann, in welcher Weise nach den Vorstellungen oder einer übergeordneten Wertung des Gesetzgebers die Harmonisierung zu geschehen hat, ein „denkender Gehorsam" (siehe oben Kap. 2, FN 66) also keinen Ansatz findet, kann die Auslegung nur den Rahmen aufzeigen, innerhalb dessen der Richter nach außergesetzlichen Kriterien seine Wahl zu treffen hat. Für diese Situation ist *Engischs* Begriff der „Kollisionslücke" eine treffende Bezeichnung)vgl. *Engisch*, Einführung in das juristische Denken, S. 159).

Eine Abweichung vom Gesetz aufgrund eines anderen Gesetzes ist somit nur bei Bestimmungen möglich, die von verschiedenen Gesetzgebern erlassen wurden. Dabei ist der Begriff des Gesetzgebers hier nicht identisch mit dem der verfassungsmäßig zuständigen Organe, die möglicherweise jahrelang unverändert bleiben; es ist vielmehr die für die Auslegung relevante komplexe Situation bestehend aus Vorstellungen und Interessenbewertungen der an der Herstellung eines bestimmten Gesetzes beteiligten Personen, also gleichsam eine historische Momentaufnahme: die gesetzgeberische Situation[20]. Die Abweichung ist notwendig, wenn die Auslegung ergibt, daß die Regelungen verschiedener Gesetzgeber „ein Verhalten in abstracto oder in concreto zugleich als geboten und nicht geboten oder als verboten und nicht verboten oder gar als geboten und verboten" erscheinen lassen[21], denn in diesem Fall muß eine der konträren Regelungen mißachtet werden.

Unter dem Gesichtspunkt der Zulässigkeit der Abweichung ist dieser Fall nicht sonderlich problematisch. Die Frage ist hier die der Rangordnung unter den Gesetzen und nicht die des Verhältnisses der Rechtsprechung zum Gesetz. Deshalb soll dieser Fall, der vor allem zum Zwecke der Verdeutlichung der verwendeten Begriffe angeführt wurde, nicht weiter untersucht werden. Allerdings ist zu beachten, daß aufgrund des hier verwendeten Gesetzesbegriffs die Verwerfung einfacher Gesetze wegen Verstoßes gegen durch objektiv-teleologische Kriterien entwickelte „Verfassungsbestimmungen" kein Fall der Abweichung aufgrund eines Gesetzes ist, sondern — je nachdem, woher die objektiv-teleologischen Kriterien in Wirklichkeit kommen — ein Fall der Abweichung aufgrund gesellschaftlicher Anschauungen oder eigener Anschauungen der Richter[22].

2. Abweichung vom Gesetz aufgrund gesellschaftlicher Anschauungen

a) Die maßgeblichen gesellschaftlichen Anschauungen

Eine Gesetzesbestimmung kann Anschauungen und Wertungen widersprechen, die in der Gesellschaft vorkommen. Da in kaum einer wichtigen

---

[20] Vgl. den entsprechenden Begriff des Gesetzgebungsverfahrens bei *Luhmann*, Legitimation durch Verfahren, S. 175.

[21] So die Definition von *Engisch* für „Normwidersprüche"; a.a.O., S. 158.

[22] Ein Beispiel hierfür ist Rechtsprechung des Bundesgerichtshofs zum Geldersatz für Verletzungen des allgemeinen Persönlichkeitsrechts, wie sie seit der Entscheidung BGHZ 35, 363 begründet wird. Denn die Rechtfertigung der Abweichung von § 253 BGB aus Art. 1 und 2 GG ist mit anderen als „objektiv-teleologischen" Kriterien kaum möglich. Das zeigen auch die rechtspolitischen Argumentationen des BGH (vgl. z. B. BGHZ 26, 356; 35, 368; 39, 130 f.; vgl. auch *Kaduk*, JR 1964, S. 324).

Wertungsfrage ein völliger gesellschaftlicher Konsens besteht, wird dies sogar für praktisch alle Regelungen gelten, die wesentliche Wertungen enthalten[23]. Offensichtlich können nicht alle tatsächlich vorkommenden Wertungen relevant sein für die Rechtfertigung von Abweichungen von Gesetzen. Um überhaupt gesellschaftliche Anschauungen als Begründung für die Abweichung vom Gesetz heranziehen zu können, muß man darum in der Lage sein, zwischen maßgeblichen und unmaßgeblichen Anschauungen zu unterscheiden.

Hierbei ist Obacht zu geben, daß bei dem Begriff der Maßgeblichkeit empirische Feststellung und normativer Anspruch nicht durcheinandergeraten. Faktisch erweisen sich die Wertungen derer als maßgeblich, die in der Gesellschaft die Macht haben. Dennoch ist diese faktische Maßgeblichkeit hierdurch nicht gerechtfertigt[24]. Hier geht es aber gerade um die gesellschaftlichen Anschauungen, die als Rechtfertigung für Abweichungen vom Gesetz anerkannt werden können. Da es keinen Rechtfertigungsgrund gibt, den Wertungen verschiedener Menschen unterschiedliches Gewicht beizumessen[25], können nur die Anschauungen der Mehrheit als maßgebliche Anschauungen im hier interessierenden Zusammenhang gewertet werden[26]. Um das Problem der Feststellung dieser Anschauungen hier auszuklammern[27], sollen als gesellschaftliche Anschauungen die Wertungen einer klaren Mehrheit der Bevölkerung gelten[28].

b) *Das Verhältnis: Gesetzgeber — gesellschaftliche Anschauungen*

Wenn sich Gesetz und gesellschaftliche Anschauungen widersprechen, gibt es zwei Möglichkeiten, wie es zu diesem Gegensatz gekommen ist. Entweder gerät ein Gesetz, das zur Zeit seines Erlasses mit den gesellschaftlichen Anschauungen im Einklang stand, dadurch in Widerspruch

---

[23] Im Gegensatz zu rein technischen Regelungen wie der Entscheidung über Rechts- oder Linksverkehr.

[24] So dient z. B. der Satz von *Karl Marx*, das Recht der bürgerlichen Gesellschaft sei der zum Gesetz erhobene Wille der Klasse der Bourgeoisie (Manifest der Kommunistischen Partei, S. 27), gerade dazu, den Verbindlichkeitsanspruch für dieses Recht zu bestreiten; ganz anders *Beling* (Kap. 1, FN 48).

[25] Die materialen Kriterien (Schlagwort: auch die Mehrheit kann Unrecht haben) werden erst im nächsten Abschnitt einbezogen.

[26] Auf eine eingehende Begründung des Mehrheitsprinzips wird verzichtet, da diese Basiswertung hier und heute praktisch unbestritten ist: zur Begründung vgl. *Kelsen*, Vom Wesen und Wert der Demokratie, S. 9 ff., S. 103 f.; *Hättich*, Demokratie als Herrschaftsordnung, S. 128 ff. m. w. N.

[27] Zur Möglichkeit der Feststellung vgl. *Birke*, Richterliche Rechtsanwendung und gesellschaftliche Anschauungen, S. 51 ff.

[28] Detailfragen, wie die, wer hier der Bevölkerung zugerechnet wird, auf deren Anschauungen es ankommt, können zwar Schwierigkeiten machen (etwa die Altersgrenze oder die in der BRD ansässigen ausländischen Arbeitnehmer), sie sind aber nicht geeignet, den Grundsatz in Frage zu stellen.

zu diesen, daß ein Wandel der gesellschaftlichen Anschauungen eintritt[29], oder der Gesetzgeber entscheidet sich bewußt gegen gesellschaftliche Anschauungen, die bereits zur Zeit des Erlasses bestehen[30]. Der wesentliche Unterschied liegt in der Haltung des Gesetzgebers. Die bewußte Entscheidung nötigt in viel stärkerem Maße dazu, das Verhältnis: Gesellschaft — Gesetzgeber unter dem Gesichtspunkt der gesetzgeberischen Legitimation zu würdigen. Beide Fälle sollen daher getrennt behandelt werden.

aa) Die bewußte Entscheidung des Gesetzgebers gegen gesellschaftliche Anschauungen

Es kann sicher nicht geleugnet werden, daß, wie *Kelsen* gesagt hat, „die Regelung mancher Frage anders ausfallen würde, wenn nicht bloß das Parlament darüber zu beschließen hätte, sondern auch die Wählerschaft selbst befragt würde"[31]. Soll die Justiz bei derartigen Differenzen den Willen der Bevölkerungsmehrheit gegen den der Parlamentsmehrheit durchsetzen?

Bei der Beantwortung dieser Frage ist zu berücksichtigen, daß das Grundgesetz[32] eine Entscheidung für das Prinzip der mittelbaren Demokratie[33] enthält[34], eine Entscheidung, die auf den Kopf gestellt würde, wenn die Gerichte die vom Gesetzgeber abgelehnten gesellschaftlichen Anschauungen durchsetzen. Dieser Einwand ist nicht ohne weiteres stichhaltig, da die Frage, in welchem Maße die Entscheidungen des Gesetzgebers verbindlich sind, nicht haltmacht vor dem Verfassungsgeber, so daß der Hinweis auf einen Verfassungsinhalt kein Argument für die Zulässigkeit oder Unzulässigkeit bestimmter Empfehlungen hinsichtlich der Verbindlichkeit etwa der Verfassung sein kann.

Allerdings wird hier von der grundsätzlichen Verbindlichkeit der gesetzgeberischen Entscheidungen ausgegangen[35]. Konsequenterweise muß daher die Entscheidung des Verfassungsgebers akzeptiert werden, wenn

---

[29] Ohne daß sich der Wandel bereits in einem neueren Gesetz niedergeschlagen hat. Andernfalls handelt es sich um das Problem der Abweichung aufgrund eines Gesetzes.

[30] Theoretisch ist noch der Fall möglich, daß ein Gesetzgeber aus Versehen gegen eine gesellschaftliche Wertung entscheidet. Jedoch sind die Anschauungen, bei denen es überhaupt möglich ist, sie als klare Mehrheitsanschauungen zu erweisen, so weit verbreitet, daß sie praktisch mit Sicherheit im Laufe des Gesetzgebungsverfahrens artikuliert und damit bewußt gemacht werden.

[31] Wesen und Wert der Demokratie, S. 38.

[32] Zum Gesetzesbegriff siehe oben S. 46.

[33] Zu diesem Begriff *Hättich*, Demokratie als Herrschaftsordnung, S. 176 ff.

[34] Vgl. *v. Mangoldt - Klein*, Art. 20 III Anm. 5a; JöR Bd. 1 NF, S. 620, 621; *Hans Schneider*, Gedächtnisschrift für W. Jellinek, S. 155.

[35] Siehe oben S. 31, 33 f.

nicht einer der zu entwickelnden Fälle zulässiger Abweichung vom Gesetz vorliegt. Dies müßte aufgrund gesellschaftlicher Anschauungen oder aufgrund inhaltlicher Kriterien sein.

Daß es in der BRD eine gesellschaftliche Anschauung gibt, daß gesellschaftliche Anschauungen Vorrang vor gesetzgeberischen Entscheidungen haben sollten, kann wohl auch ohne empirische Untersuchungen verneint werden. Demnach dürfte die Entscheidung des Verfassungsgebers nur aufgrund materialer Kriterien abgelehnt werden. Ohne Vorgriff auf diesen Problembereich kann hier jedenfalls soviel gesagt werden, daß wohl vieles für eine Verstärkung direkter Demokratie spricht[36], daß es aber auch vernünftige Gründe für das im Grundgesetz festgelegte System gibt[37] und daß insbesondere die Justiz, die in noch weit geringerem Maße als das Parlament demokratischer Kontrolle unterworfen ist, kein geeigneter Sachwalter direkter Demokratie ist[38].

Daher kann im Rahmen des hier gewählten Ansatzes kein Grund gefunden werden, eine bewußte Entscheidung des Gesetzgebers der BRD gegen gesellschaftliche Anschauungen für unverbindlich zu erklären.

bb) Wandel gesellschaftlicher Verhältnisse und Anschauungen

Wenn ein Widerspruch zwischen Gesetz und gesellschaftlichen Anschauungen dadurch entsteht, daß sich letztere im Laufe der Zeit wandeln, stellt sich der Autoritätskonflikt anders dar. Es ist hier nicht die Frage, ob der Gesetzgeber anders entscheiden darf, als es die Mehrheit der Bevölkerung will, sondern die, ob bei einem veralteten Gesetz die Gerichte den Vorstellungen der heutigen Bevölkerung durch Abweichung vom Gesetz Rechnung tragen dürfen oder ob die Kompetenz zur Anpassung an die aktuellen Bedürfnisse dem heutigen Gesetzgeber vorbehalten ist[39].

Die herrschende Lehre löst dieses Problem dadurch, daß sie einen Bedeutungswandel des Gesetzes zuläßt[40]. Inhaltlich entscheidet sie sich damit

---

[36] Vgl. z. B. was *Karl Loewenstein*, Wesen, Technik und Grenzen der Verfassungsänderung, S. 63, über direkte und indirekte Demokratie gesagt hat; *v. Mangoldt - Klein*, Art. 20, Anm. V 5 m. w. N.

[37] Vgl. was der Abgeordnete *Heuß* gegen Volksbegehren und Volksentscheid im Parlamentarischen Rat vorgebracht hat; Parlamentarischer Rat, Stenogr. Berichte, S. 45.

[38] Dazu auch *Säcker*, ZRP 1971, S. 150.

[39] Allerdings gibt es Fälle, die in dieses Schema nur schwer einzuordnen sind. Man denke z. B. an die Möglichkeit, daß ein Gesetzgeber sich, aus den Materialien ersichtlich, in Kenntnis des Wandels der gesellschaftlichen Anschauungen nicht entschließt, überkommene Gesetze zu ändern.

[40] *Larenz*, Methodenlehre der Rechtswissenschaft, S. 330 ff.; *Zippelius*, Einführung in die juristische Methodenlehre, S. 29 ff. Ein Beispiel hierfür ist die Änderung der Auslegung des Wortes „Betrieb" eines Kraftfahrzeugs durch den

für die Möglichkeit, daß die Gerichte von veralteten gesetzgeberischen Entscheidungen abweichen können. Diese Lösung ist auch allein mit der Verantwortung der Richter für eine „richtige" Entscheidung vereinbar. Im Falle des Konfliktes zwischen aktuellem Gesetzgeber und aktuellen gesellschaftlichen Anschauungen sind die Mechanismen der Politik, einschließlich der öffentlichen Meinung und der Wahlen, bessere Hebel zur Durchsetzung der Mehrheitsstandpunkte als die demokratisch kaum kontrollierte Justiz. Bei veralteten Gesetzen ist dieser — politische — Konflikt nicht in derselben Schärfe gegeben. Regelmäßig fehlt es den Gesetzgebungsgremien an Muße, die überkommenen Gesetze den aktuellen Wertungen anzupassen. Häufig enthüllt auch erst die Auseinandersetzung mit konkreten Konfliktfällen, daß die eine gesetzliche Regelung tragenden Wertungen mit den heute maßgeblichen nicht mehr übereinstimmen. Die Anpassung des Rechts an die heute herrschenden Wertvorstellungen ist daher weniger unter dem Gesichtspunkt des Rangverhältnisses von Gerichten und Gesetzgeber zu sehen als unter dem Aspekt der Arbeitsteilung bei der ständigen Erneuerung des Rechts. Die damit den Gerichten gegebene Macht bleibt relativiert durch die Möglichkeit, daß der Gesetzgeber korrigierend eingreifen kann.

Der Unterschied zur herrschenden Lehre ist nicht nur terminologischer Art. Im Gegensatz zu dem Begriff des Bedeutungswandels macht das hier vorgeschlagene Verfahren erforderlich, die Tatsache: gesellschaftliche Anschauungen, ausdrücklich in die Argumentation einzuführen. Die richterliche Begründung wird nachprüfbar daraufhin, ob das gesellschaftliche Bewußtsein korrekt eingeschätzt wurde oder nicht. Es wird sichtbar, ob die Entscheidung auf gesellschaftlichen Wertungen oder direkt inhaltlichen Kriterien basiert. Damit wird erschwert, daß die Gerichte unter dem Begriff des „Objektiven"[41] ihre eigenen Privat- oder Gruppenvorstellungen durchsetzen[42].

3. Abweichung vom Gesetz aufgrund materialer Kriterien

Hier geht es um den Fall, daß der Richter von einem Gesetz abweichen will, weil es bestimmten, für ihn essentiellen Wertungen widerspricht,

---

Bundesgerichtshof in BGHZ 29, 163; vgl. hierzu *Larenz*, a.a.O., S. 334; ausführlich zur Anerkennung eines „Bedeutungswandels" durch die Rechtsprechung: *Larenz*, DRiZ 1959, S. 306 ff.

[41] Vgl. die Begriffe „objektiv-teleologisch", „objektive Auslegung".

[42] Vgl. dagegen die unvermittelte Art, in der *Germann* die Richter sowohl den herrschenden Anschauungen als auch für die materiale „Richtigkeit" verantwortlich wissen will: Einerseits sind die gesetzlichen Bestimmungen „für den Richter in erster Linie Direktiven gemäß dem präsumptiven Willen der Rechtsgemeinschaft" (Methodische Grundfragen, S. 40); andererseits trägt der Richter „doch letzten Endes selbst für jeden Entscheid, den er trifft, die volle Verantwortung, und darum ist die Grundfrage für ihn wertkritisch-normativ: welches ist die richtige dem Urteil zugrunde zu legende Norm?" (a.a.O., S. 113).

ohne daß es ihm dabei auf die gesellschaftlichen Anschauungen ankommt[43]. Der Unterschied zum vorher behandelten Fall liegt in der subjektiven Haltung des Richters. Zwar ist auch das eigene materiale Urteil des Richters gesellschaftlich bedingt; während jedoch die gesellschaftlichen Anschauungen eine Instanz sind, die er bewußt trotz entgegengesetzter eigener Wertung beachten kann, erkennt er in dem hier behandelten Fall keine fremde Autorität an. Daß es dabei Abgrenzungsschwierigkeiten geben kann, ist nicht zu bestreiten. Etwa „berufsständische Wertungen" wie sie durch die Gruppensituation der Richterschaft, vielleicht auch beschränkt auf bestimmte Gerichte, entstehen können, sind zwar für den einzelnen Richter „objektive", außer ihm liegende Instanzen, jedoch besitzen diese Gruppenwertungen nicht die Legitimität der „gesellschaftlichen Anschauungen" im oben[44] bezeichneten Sinne, so daß es im Hinblick auf die Rechtfertigungsmöglichkeit sinnvoll ist, sie als richterliche Eigenwertungen zu behandeln.

Eine Haltung, die Gesetze nur dann als verbindlich anzuerkennen, wenn sie mit den eigenen Wertungen des Richters übereinstimmen, ist nicht ohne weiteres illegitim. In der Erkenntnis, daß alle Wertungen bestreitbar sind, war das Konzept der Verbindlichkeit der Gesetze nur mit der Erwägung zu retten, daß die Menschen in jeweils konkreten historischen Situationen von der „Verbindlichkeit" gewisser Werte und durch sie gerechtfertigter Rechtsnormen ausgehen[45]. Von diesem Grundansatz her ist daher ein Richter, der „weiß", daß ein Gesetz einen Unwert fördert, und ihm deshalb keine Verbindlichkeit zugesteht, nicht zu widerlegen.

Allerdings braucht das Problem nur im Rahmen des praktisch Relevanten behandelt zu werden. Da davon ausgegangen werden kann, daß alle Richter den Ausgangspunkt teilen, der hier für die dogmatische Argumentation angenommen wurde, nämlich, daß die gesetzgeberischen Entscheidungen grundsätzlich verbindlich sind, geht es nur um die Frage, ob und wann Ausnahmen von diesem Grundsatz aus materialen Gründen anerkannt werden sollen.

Dabei kann es nicht darum gehen, Werte zu nennen, die auf keinen Fall mißachtet werden dürfen. Das würde auf Naturrechtskonstruktion hinauslaufen, die überflüssig wäre für den, der die angenommenen Wertun-

---

[43] Diese scharfe Trennung von der Abweichung aufgrund gesellschaftlicher Anschauungen ist im Modell möglich und nützlich zur getrennten Behandlung der einzelnen Fragen. In der Praxis werden gesellschaftliche Anschauungen und eigene Wertung des Richters häufig zusammenfallen, und zu einer Abweichung vom Gesetz aufgrund inhaltlicher Vorstellungen wird der Richter um so eher bereit sein, als er dafür Zustimmung in der Bevölkerung erwarten kann.

[44] S. 52.

[45] Siehe oben S. 19 f., 28 ff.

gen teilt, und ohne Überzeugungskraft für den, der anders wertet. Über die Möglichkeit, aufgrund von materialen Kriterien vom Gesetz abzuweichen, kann daher sinnvoll nur auf einer Ebene jenseits der des richterlichen Wertens argumentiert werden.

Wenn man nicht selbst Werte als Kriterien der Verbindlichkeit einführen will, so scheint es keinen vernünftigen Grund zu geben, wieso ein Richter seine persönliche Wertung gegen die demokratisch legitimierteren Instanzen soll durchsetzen dürfen. Dies ist grundsätzlich richtig und stellt auch die Basis dar, auf der die grundsätzliche Verbindlichkeit der Gesetze und die Relevanz der gesellschaftlichen Anschauungen postuliert wurde. Jedoch darf dabei nicht vergessen werden, daß diese aus der Einsicht in die Bestreitbarkeit aller — auch der eigenen — Wertungen und der Erkenntnis, daß trotz allem entschieden werden muß, gewonnene Position nicht etwa bedeutet, daß das Mehrheitsprinzip ein absoluter Wert ist. Es ist eine pragmatische Position mit dem Ziel, ein gedeihliches Leben zu ermöglichen. Für die Frage, wie dieser wertausfüllungsbedürftige Begriff zu verstehen ist, d. h. welche Kriterien für ein gedeihliches Zusammenleben gelten, kann das Majoritätsprinzip nicht wiederum die Grundlage bilden, da es sich sonst selbst rechtfertigen müßte[46]. Andererseits stehen zur Beantwortung dieser Frage auch keine materialen Kriterien zur Verfügung. Aus diesem Grunde bleibt meines Erachtens nichts anderes übrig, als das Problem in der Weise offenzulassen, daß den Gerichten die Option bleibt, sich in schwerwiegenden Fällen, in denen nach Meinung der Richter der Grund fortgefallen ist, die grundsätzliche Verbindlichkeit der Gesetze anzuerkennen, nach ihren eigenen subjektiven Wertvorstellungen zu richten[47].

Mit dieser „Option" wird inhaltlich nichts neues gesagt, da die Gerichte diese längst haben. Wenn das Bundesverfassungsgericht überpositives Recht anerkennt, gegen das die Verfassung verstoßen und insoweit nichtig sein kann[48], so hat es sich damit praktisch die Macht zugesprochen, die eigenen Wertvorstellungen des erkennenden Senats zum höchsten Entscheidungskriterium zu machen[49]. Wenn die anderen Gerichte „objektiv-

---

[46] z. B. ist der Terror einer Mehrheit über eine Minderheit nicht mit dem Majoritätsprinzip rechtfertigbar; und mehrheitlich die Frage entscheiden zu lassen, ob ein bestimmtes Verhalten der Mehrheit Terror ist, wäre absurd.

[47] Das ist inhaltlich nichts anderes als die Aufforderung an die Richter, in schwerwiegenden Fällen ihr persönliches Gewissen über andere Instanzen zu setzen; vgl. auch *Maihofer*, Die Bindung des Richters an Gesetz und Recht, S. 32.

[48] BVerfGE 1, 18, Leitsatz 18; 3, 225, Leitsatz 2.

[49] Vgl. dazu *Forsthoff*, DöV 1959, S. 44; die negative Bewertung dieses Anspruchs durch *Forsthoff* wird, wie sich aus dem Text ergibt, nicht geteilt; vgl. auch *Maihofer*, a.a.O., S. 20.

teleologisch" auslegen, ohne dabei sich erkennbar auf die Durchsetzung aktueller gesellschaftlicher Anschauungen zu beschränken, so haben auch sie die Möglichkeit, aufgrund eigener Wertung gegen die Entscheidung des Gesetzgebers zu entscheiden.

Die durch diese Option vorhandene Unsicherheit und die damit gegebene Macht der Richter sind erträglich. Fälle, in denen die Richter die grundsätzliche Verbindlichkeit der gesetzgeberischen Entscheidung wegen eigener Wertungen nicht anerkennen können, werden unter den Bedingungen der BRD äußerst selten sein. Außerdem sind die Richter durch die gesellschaftliche Bedingtheit ihres Denkens, durch Kollegialgerichte, Instanzenzüge, Einstellungs- und Beförderungsverfahren und durch die öffentliche Meinung einem so starken gesellschaftlichen Druck ausgesetzt, daß einem Mißbrauch der Option bereits auf der Ebene der richterlichen Motivation starke Gegengewichte entgegenwirken können[50].

Trotzdem ist eine solche Option nicht nutzlos. Sie hebt nicht nur die Grundlage des Mehrheitsprinzips ins Bewußtsein, sondern kann auch in Art einer „Selbstzensur" des Gesetzgebers in dessen Kalkulation aufgenommen werden. Außerdem ist zu bedenken, daß zwar zur schärferen Konturierung auf die inhaltlichen Kriterien allein abgestellt wurde, daß aber auch und vor allem die Fälle in Betracht kommen, wo sich der Gesetzgeber bewußt gegen gesellschaftliche Anschauungen gestellt hat, Fälle also, bei denen kein nichtmaterialer Grund gefunden werden konnte, eine Abweichung vom Gesetz zu rechtfertigen[51].

---

[50] Allerdings bedarf es für eine verstärkte Anbindung richterlicher Wertvorstellungen an gesellschaftliche Entwicklungen gewisser Änderungen im Ausbildungs- und Rekrutierungssystem, die heute in Ansätzen diskutiert werden. Vgl. etwa die von *R. Wassermann* herausgegebenen Aufsatzbände: Erziehung zum Establishment und: Justizreform.

[51] Siehe oben S. 54.

Zusammenfassung

1. Verbindlichkeit von Rechtsnormen läßt sich nicht intersubjektiv allgemein feststellen, da bei der Begründung von Verbindlichkeit immer auf Werte zurückgegriffen werden muß. Dennoch ist dieser Begriff für die Rechtspraxis und damit auch für die praxisorientierte Rechtswissenschaft unentbehrlich, da die Vorstellung der Verbindlichkeit von Rechtsnormen sowohl in der Bevölkerung als auch bei den Richtern für eine funktionierende Rechtsordnung unentbehrlich ist.

2. Der Begriff der Verbindlichkeit, der aus der Einsicht in die beiden genannten Tatbestände gewonnen wird, beschreibt keine Eigenschaft von Rechtsnormen, die diese an sich hätten. Er ist vielmehr ein Kürzel für zwei miteinander zusammenhängende menschliche Haltungen: ein Appell an andere, sich normgemäß zu verhalten, und der Ausdruck des Erlebens dieses gesellschaftlichen Appells.

3. Es ist unter den Bedingungen der Bundesrepublik Deutschland ein Erfordernis der Demokratie, daß die Entscheidungen der Richter durch Entscheidungen des parlamentarischen Gesetzgebers inhaltlich determiniert werden können. Deshalb ist es zweckmäßig, unter Bindung an das Gesetz inhaltliche Determinierung durch das Gesetz zu verstehen.

4. Gesetzesauslegung ist dann Ermittlung des dem Richter vorgegebenen Sinngehalts. Der herrschende Begriff der Gesetzesauslegung, der auch die Rechtsfortbildung (im Rahmen des möglichen Wortsinns) umfaßt, ist weder unter dem Gesichtspunkt eines „hermeneutischen Zirkels" notwendig noch ist er geeignet, die Legitimationsbasis richterlicher Rechtsfindung offenzulegen.

5. Da Verbindlichkeit keine objektive den Gesetzen anhaftende Qualität ist, sondern eine Haltung der Menschen zu den Gesetzen, ist diese Haltung jeweils zu rechtfertigen. Absoluter Gesetzesgehorsam ist nicht zu rechtfertigen. Diese Haltung widerspräche auch der Entscheidung des Parlamentarischen Rates, die in Art. 20 III GG ausgedrückt ist.

6. Abweichungen vom Gesetz können praktisch auf drei Weisen gerechtfertigt werden: durch Rückführung der Abweichung auf ein anderes Gesetz, durch Rückführung auf gesellschaftliche Anschauungen,

durch direkt inhaltliche Wertung. Problematisch sind unter dem Aspekt der Gesetzesbindung der Rechtsprechung nur die Fälle (2) und (3), da es im ersten Fall nur um die Rangordnung unter den Gesetzen geht.

7. Bei der Rückführung der Abweichung auf gesellschaftliche Anschauungen, kommt es darauf an, wessen Anschauungen maßgeblich sind. Als Kriterium für die Maßgeblichkeit gesellschaftlicher Anschauungen kann nur das der Mehrheit anerkannt werden.

8. Für die Frage der Abweichung aufgrund gesellschaftlicher Anschauungen ist zu unterscheiden zwischen dem Fall einer bewußten gesetzgeberischen Entscheidung gegen solche Anschauungen und dem eines Auseinanderfallens von gesetzgeberischer Wertung und gesellschaftlichen Anschauungen aufgrund eines Wandels derselben. Da es in der BRD keine gesellschaftliche Anschauung gibt, daß gesellschaftliche Anschauungen Vorrang vor gesetzgeberischen Entscheidungen haben, läßt sich eine Abweichung vom Gesetz im ersten Fall nicht rechtfertigen. Im zweiten Fall geht es weniger um die Autorität des Gesetzgebers als um die Anpassung überkommenen Rechts an die aktuellen Verhältnisse. Hier müssen die Gerichte befugt sein, von veralteten Gesetzen abzuweichen. Dies erkennt auch die h. M. mit der Zulassung eines „Bedeutungswandels" an.

9. Da die mit dem Begriff der Verbindlichkeit der Gesetze beschriebene menschliche Haltung die praktische Funktion hat, ein gedeihliches gesellschaftliches Leben zu ermöglichen, ist es konsequent, diese Haltung zurückzunehmen, wenn das Ziel nicht gefördert wird.

10. Die für die Entscheidung dieser Frage benötigten materialen Kriterien können nicht allgemein formuliert werden. Es bleibt daher nichts anderes übrig, als den Richtern eine Option zuzugestehen, in schwerwiegenden Fällen ihre subjektiven Wertvorstellungen über das Gesetz zu stellen. Diese Option haben sich die Gerichte bereits heute zugesprochen. Sie ist wegen der gesellschaftlichen Abhängigkeit richterlichen Entscheidens auch akzeptabel.

Literaturverzeichnis

Albert, Hans: Traktat über kritische Vernunft, 2. Aufl. Tübingen 1969.
— Wertfreiheit als methodisches Prinzip. In: Logik der Sozialwissenschaften, hrsg. von E. Topitsch, 8. Aufl. Köln 1972, S. 181 ff.

Apel, Karl-Otto: Szientistik, Hermeneutik, Ideologiekritik. Entwurf einer Wissenschaftslehre in erkenntnisanthropologischer Sicht. In: Hermeneutik und Ideologiekritik, Frankfurt/M. 1971.

Ballweg, Ottmar: Rechtswissenschaft und Jurisprudenz, Basel 1970.

Bartholomeyczik, Horst: Die Kunst der Gesetzesauslegung, 3. Aufl. Frankfurt/M. 1965.

Beling, Ernst: Vom Positivismus zum Naturrecht und zurück. In: Festgabe für Philipp Heck, Max Rümelin, Arthur Benno Schmidt, Tübingen 1931, S. 1 - 18.

Bender, Bernd: Zur Methode der Rechtsfindung bei der Auslegung und Fortbildung gesetzten Rechts. In: JZ 1957, S. 593 - 602.

Bergbohm, Karl: Jurisprudenz und Rechtsphilosophie, Erster Band, Leipzig 1892.

Betti, Emilio: Das Problem der Kontinuität im Lichte der rechtshistorischen Auslegung, Wiesbaden 1957.
— Allgemeine Auslegungslehre als Methodik der Geisteswissenschaften, Tübingen 1967.
— Problematik einer allgemeinen Auslegungslehre als Methode der Geisteswissenschaften. In: Hermeneutik als Weg moderner Wissenschaft, Salzburg, München 1971.

Bierling, Ernst Rudolf: Juristische Prinzipienlehre, Bd. I, Freiburg i. B., Leipzig 1894; Bd. IV 1911.

Binding, Karl: Handbuch des Strafrechts, Bd. 1, Leipzig 1885.

Birke, Wolfgang: Richterliche Rechtsanwendung und gesellschaftliche Anschauungen, Köln 1968.

Boehmer, Gustav: Grundlagen der bürgerlichen Rechtsordnung, Bd. II/1, Tübingen 1951.

Brecht, Arnold: Politische Theorie, Tübingen 1961.

Burckhardt, Walther: Methoden und System des Rechts, Zürich 1936.

Burmeister, Joachim: Die Verfassungsorientierung der Gesetzesauslegung. Verfassungskonforme Auslegung oder vertikale Normendurchdringung? Berlin, Frankfurt/M. 1966.

Claessens, Dieter: Instinkt, Psyche, Geltung. Zur Legitimation menschlichen Verhaltens. Eine soziologische Anthropologie, 2. Aufl. Köln, Opladen 1970.

Caspar, Gerhard: Juristischer Realismus und politische Theorie im amerikanischen Rechtsdenken, Berlin 1967.

Coing, Helmut: Die juristischen Auslegungsmethoden und die Lehren der allgemeinen Hermeneutik, Köln, Opladen 1959.

Dölle, Hans: Absurdes Recht? In: Festschrift H. C. Nipperdey zum 70. Geburtstag, München, Berlin 1965, S. 23 - 36.

Drath, Martin: Grund und Grenzen der Verbindlichkeit des Rechts, Tübingen 1963.

Ellwein, Thomas: Das Regierungssystem der Bundesrepublik Deutschland, 2. Aufl. Köln, Opladen 1965.

Emge, Carl August: Erste Gedanken zu einer Richtigkeitslehre, Berlin 1942.

— Über das Verhältnis von „normativem Rechtsdenken" zur „Lebenswirklichkeit", Wiesbaden 1956.

— Philosophie der Rechtswissenschaft, Berlin 1961.

Engisch, Karl: Einführung in das juristische Denken, 3. Aufl. Stuttgart 1964.

— Wahrheit und Richtigkeit im juristischen Denken, München 1963.

Enneccerus - Nipperdey: Allgemeiner Teil des bürgerlichen Rechts, 15. Aufl. 1959.

Esser, Josef: Werte und Wertewandel in der Gesetzesanwendung des Zivilrechts. In: Esser/Stein, Werte und Wertewandel in der Gesetzesanwendung, Frankfurt 1966, S. 5 - 40.

— Richterrecht, Gerichtsgebrauch und Gewohnheitsrecht. In: Festschrift F. v. Hippel, Tübingen 1967.

— Vorverständnis und Methodenwahl bei der Rechtsfindung. Frankfurt 1970.

Evers, Hans-Ulrich: Der Richter und das unsittliche Gesetz, Berlin 1956.

Fechner, Erich: Ideologische Elemente in positivistischen Rechtsanschauungen. In: ARSP Beiheft 6 (1970), S. 199 - 222.

Fikentscher, Wolfgang: Gedanken zu einer rechtsvergleichenden Methodenlehre. In: Festschrift Carl Heymanns Verlag, Köln 1965, S. 141 ff.

Flume, Werner: Richter und Recht. In: Verhandlungen des 46. Deutschen Juristentages, Bd. II, Teil K.

Forsthoff, Ernst: Die Bindung an Gesetz und Recht. In: DöV 1959, S. 41 - 44 = Rechtsstaat im Wandel, Stuttgart 1964, S. 176 ff.

Frank, Jerome: Courts on Trial. Myth and Reality in American Justice, 1949.

Gadamer, Hans-Georg: Wahrheit und Methode, 2. Aufl. Tübingen 1965.

Geiger, Theodor: Vorstudien zu einer Soziologie des Rechts, Aarhus 1947.

Germann, Oskar Adolf: Methodische Grundfragen, Basel 1946.

— Grundlagen der Rechtswissenschaft, Bern 1950.

— Probleme und Methoden der Rechtsfindung, Bern 1965.

Göldner, Detlef Christoph: Verfassungsprinzip und Privatrechtsnorm, in der verfassungskonformen Auslegung und Rechtsfortbildung, Berlin 1969.

Habermas, Jürgen: Zur Logik der Sozialwissenschaften, Materialien, Frankfurt/M. 1970.

Habermas, Jürgen: Erkenntnis und Interesse. In: Werturteilstreit, hrsg. von H. Albert und E. Topitsch, Darmstadt 1971, S. 334 ff.

Hägerström, Axel: Inquiries into the Nature of Law and Morals, Uppsala usw. 1953.

Hättich, Manfred: Demokratie als Herrschaftsordnung, Köln, Opladen 1967.

Hassemer, Winfried: Tatbestand und Typus. Untersuchungen zur strafrechtlichen Hermeneutik, Köln usw. 1968.

Heck, Philipp: Gesetzesauslegung und Interessenjurisprudenz, Tübingen 1914. (Neu abgedruckt in: Studien und Texte zur Theorie und Methodologie des Rechts, Bd. 2, Bad Homburg v. d. H. usw. 1968, S. 46 - 141; Seitenangaben im Text nach dieser Ausgabe).

Heinz, Eckart K.: „Geltung" und „Verbindlichkeit" im Bereich normativer Ordnungen. In: ARSP 1969, S. 355 - 366.

Henkel, Heinrich: Einführung in die Rechtsphilosophie, München und Berlin 1964.

Hirsch, Ernst E.: Vorrede zu: Helena Papaconstandinou, Schutz des ausübenden Künstlers, Baden-Baden 1960.

— Besprechung von Coing, Die juristischen Auslegungsmethoden und die Lehren der allgemeinen Hermeneutik. In: JZ 1961, S. 299 f.

— Das Recht im sozialen Ordnungsgefüge, Berlin 1966.

Hirsch, Hans-Joachim: Richterrecht und Gesetzesrecht. In: JR 1966, S. 334 - 342.

Homans, George Caspar: Theorie der sozialen Gruppe, 4. Aufl., Köln, Opladen 1969.

Hruschka, Joachim: Zum Problem der Verbindlichkeit der Rechtsnormen. In: ARSP 1968, S. 159 - 176.

Jörgensen, Stig: Recht und Gesellschaft, Göttingen 1971.

Kaduk, Hubert: Empfiehlt sich eine Neuregelung der Verpflichtung zum Geldersatz für immateriellen Schaden? In: JR 1964, S. 322 ff.

Kaufmann, Arthur, Winfried *Hassemer*: Grundprobleme der zeitgenössischen Rechtsphilosophie und Rechtstheorie, Frankfurt/M. 1971.

Kelsen, Hans: Vom Wesen und Wert der Demokratie, 2. Aufl., Tübingen 1929.

— Reine Rechtslehre, 2. Aufl. Wien 1960.

Klug, Ulrich: Rechtslücke und Rechtsgeltung. In: Festschrift für H. C. Nipperdey zum 70. Geburtstag, Bd. 1, München, Berlin 1965, S. 71 ff.

Kohler, Josef: Über die Interpretation von Gesetzen, Grünhuts Zeitschr. Bd. 15 (1886), S. 1 ff.

Krawietz, Werner: Welche Methode lehrt die juristische Methodenlehre? In: JuS 1970, S. 425 - 432.

Kriele, Martin: Kriterien der Gerechtigkeit, Berlin 1963.

— Theorie der Rechtsgewinnung, Berlin 1967.

— Die Herausforderung des Verfassungsstaates, Hobbes und die englischen Juristen, Neuwied und Berlin 1970.

— Das demokratische Prinzip im Grundgesetz. In: VVDStRL 1971, Heft 29.

Krüger, Uwe: Der Adressat des Rechtsgesetzes, Berlin 1969.

Lampe, Ernst-Joachim: Juristische Semantik, Bad Homburg v. d. H. usw. 1970.

Larenz, Karl: Methodenlehre der Rechtswissenschaft, 2. Aufl. Berlin usw. 1969.

— Der „Bedeutungswandel" der Rechtsnormen und seine Berücksichtigung in der Rechtsprechung. In: DRiZ 1959, S. 306 ff.

Laun, Rudolf: Recht und Sittlichkeit, 3. Aufl. Berlin 1935.

Lautmann, Rüdiger: Freie Rechtsfindung und Methodik der Gesetzesanwendung, Diss. Würzburg 1967.

— Wert und Norm, 2. Aufl. Opladen 1971.

Lerner, Waldemar: Das Problem der Objektivität von rechtlichen Grundwerten, Zürich, St. Gallen 1967.

Liver, Peter: Der Wille des Gesetzes, Bern 1954.

Löffelholz, Thomas: Die Rechtsphilosophie des Pragmatismus, Meisenheim 1961.

Loewenstein, Karl: Über Wesen, Technik und Grenzen der Verfassungsänderung, Berlin 1961.

Luhmann, Niklas: Legitimation durch Verfahren, Neuwied und Berlin 1969.

Lundstedt, Anders Vilhelm: Die Unwissenschaftlichkeit der Rechtswissenschaft, Bd. 1: Die falschen Vorstellungen vom objektiven Recht und subjektiven Rechten, Berlin 1932; Bd. 2: Strafrecht, Vertragsrecht, deliktische Haftung, 1936.

— Legal Thinking Revised, Stockholm 1956.

Maihofer, Werner: Die Bindung des Richters an Gesetz und Recht (Art. 20 Abs. III GG). In: Annales Universitatis Saraviensis, Rechts- und Wirtschaftswissenschaften, Bd. VIII (1960) Fasc. 1/2, S. 5 - 32.

v. Mangoldt - Klein: Das Bonner Grundgesetz, 2. Aufl., Berlin und Frankfurt 1957.

Marx, Karl, *Engels,* Friedrich: Manifest der Kommunistischen Partei, Berlin (Ost) 1959 (nach der deutschen Ausgabe 1848).

Mennicken, Axel: Die Ziele der Gesetzesauslegung, Bad Homburg v. d. H. usw. 1970.

Meyer-Ladewig, Jens: Justizstaat und Richterrecht. Zur Bindungswirkung richterlicher Institute. In: AcP 161, S. 97 - 128.

Merkel, Adolf: Über das Verhältnis der Rechtsphilosophie zur positiven Rechtswissenschaft und zum allgemeinen Teil derselben, Grünhuts Zeitschr. Bd. 1 (1874), S. 1 ff.

Müller, Friedrich: Normstruktur und Normativität, Berlin 1966.

— Juristische Methodik, Berlin 1971.

Naucke, Wolfgang: Der Nutzen der subjektiven Methode im Strafrecht, Festschrift Karl Engisch zum 70. Geburtstag, Frankfurt/M. 1969.

Olivecrona, Karl: Gesetz und Staat, übersetzt von E. Blauert, Kopenhagen 1940.

Pascal, Blaise: Gedanken, nach der endgültigen Ausgabe übersetzt von H. Rüttnauer, Wiesbaden ohne Jahr (Fragmentzählung nach édition F. Strowski, Paris Librairie Ollendorf, 1923 - 1931).

Literaturverzeichnis

Passerin d'Entrèves, Alexandre: Two Questions about Law. In: Existenz und Ordnung. Festschrift Erik Wolf zum 60. Geburtstag, Frankfurt/M. 1962.

Perelman, Chaim: Über die Gerechtigkeit. Mit einer Einleitung von Th. Viehweg (übersetzt von U. Blüm und O. Ballweg), München 1967.

Pfeiffer: Geleitwort zu: Entstehungsgeschichte der Artikel des Grundgesetzes, JöR, Bd. 1 NF, S. VII, VIII.

Radbruch, Gustav: Rechtsphilosophie, 4. Aufl. Stuttgart 1950.

Redeker, Konrad: Legitimation und Grenzen richterlicher Rechtsetzung. In: NJW 1972, S. 409 - 415.

Regelsberger: Pandekten, Bd. 1, Leipzig 1898.

Reich, Norbert: Sociological Jurisprudence und Legal Realism im Rechtsdenken Amerikas, Heidelberg 1967.

Ross, Alf: Theorie der Rechtsquellen, Leipzig und Wien 1929.

— Kritik der sogenannten praktischen Erkenntnis, Kopenhagen und Leipzig 1933.

— Towards a Realistic Jurisprudence, 1946.

— On Law and Justice, London 1958.

— Validity and the Conflict between Legal Positivism and Natural Law. In: Revista Juridica de Buenos Aires, IV (1961), S. 46 - 88.

Rüthers, Bernd: Die unbegrenzte Auslegung. Zum Wandel der Privatrechtsordnung im Nationalsozialismus, Tübingen 1968.

Säcker, Franz-Jürgen: Zur demokratischen Legitimation des Richter- und Gewohnheitsrechts. In: ZRP 1971, S. 145 - 150.

Sax, Walter: Das strafrechtliche „Analogieverbot", Göttingen 1953.

Scheuerle, Wilhelm: Rechtsanwendung, Nürnberg und Düsseldorf 1952.

— Finale Subsumtion. Studien über Tricks und Schleichwege in der Rechtsanwendung. In: AcP 167, S. 305 - 349.

Schneider, Hans: Volksabstimmung in der rechtsstaatlichen Demokratie. In: Gedächtnisschrift für Walter Jellinek, München 1955, S. 155 ff.

Schneider, Hans-Peter: Richterrecht, Gesetzesrecht und Verfassungsrecht, Frankfurt/M. 1969.

Schreiber, Rupert: Die Geltung von Rechtsnormen, Berlin usw. 1966.

Siebert, Wolfgang: Die Methode der Gesetzesauslegung, Heidelberg 1958.

Sörgel, Werner: Konsensus und Interessen. Eine Studie zur Entstehung des Grundgesetzes für die Bundesrepublik Deutschland, Stuttgart 1969.

Stratenwerth, Günter: Zum Streit der Auslegungstheorien, Festschrift O. A. Germann, Bern 1969.

Thul, Ewald: Untersuchungen zum Begriff der Rechtsdogmatik, Diss., Mainz 1959.

Verdross, Alfred: Abendländische Rechtsphilosophie, 2. Aufl. Wien 1963.

Viehweg, Theodor: Ideologie und Rechtsdogmatik. In: Ideologie und Recht, Frankfurt 1969, S. 83 - 96.

Viehweg, Theodor: Systemprobleme in Rechtsdogmatik und Rechtsordnung. In: Festschrift zum 150jährigen Bestehen des OLG Zweibrücken, Wiesbaden 1969.

Vogel, Hans Heinrich: Der skandinavische Rechtsrealismus, Frankfurt/M. 1972.

Wach, Adolf: Handbuch des Deutschen Civilprozeßrechts, Bd. I, Leipzig 1885.

Wassermann, Rudolf (Hrsg.): Erziehung zum Establishment, Karlsruhe 1969.

— (Hrsg.): Justizreform, Neuwied und Berlin 1970.

Weber, Max: Die „Objektivität" sozialwissenschaftlicher und sozialpolitischer Erkenntnis. In: Archiv für Sozialwissenschaft und Sozialpolitik, Bd. 19 (1904) = Max Weber, Methodologische Schriften, S. 1 ff.

— Der Sinn der „Wertfreiheit" der soziologischen und ökonomischen Wissenschaften. In: Logos, Bd. 7 (1917/18) = Methodologische Schriften, S. 222 ff.

Wieacker, Franz: Zur praktischen Leistung der Rechtsdogmatik, Festschr. H. G. Gadamer, Bd. 2, Tübingen 1970, S. 311 ff.

Windscheid, Bernhard: Lehrbuch des Pandektenrechts, Bd. 1, 6. Aufl. 1887.

Wüstendörfer, Hans: Die Deutsche Rechtsprechung am Wendepunkt. In: AcP 110 (1913), S. 219 - 380.

Zimmermann, Theodor: Struktur und Einzelfragen der Gesetzesauslegung im Spiegel der Entwicklung höchstrichterlicher Rechtsprechung. In: Goltd. Arch. 1955, S. 336 - 344.

— Der Wortlaut des Gesetzes im Spiegel höchstrichterlicher Rechtsprechung. In: NJW 1956, S. 1262 - 1264.

Zippelius, Reinhold: Einführung in die juristische Methodenlehre, München 1971.

Printed by Libri Plureos GmbH
in Hamburg, Germany